죽는 게 참 어렵습니다

죽는 게 참 어렵습니다

김영화
김호성
나경희
송병기

일러두기

* 이 책은 (사)호스피스코리아의 후원으로 제작되었습니다.

차례

	추천사	새로 쓰는 '죽음의 미래'	7
	프롤로그	우리 가족은 정말 운이 좋았다	11
1부	삶과 질병	아픈 몸을 미워할수록 삶이 크게 들썩였다	17
		우리가 병을 이야기하기 시작했을 때	34
		의학은 돌봄을 가르치지 않았다	63
		고통의 전문가가 필요하다	94
		[깊이 읽기] '존엄삶'을 위하여	99
2부	질병과 돌봄	죽는 것보다 아프면서 오래 사는 게 두렵다	111
		한 사람의 전부가 집에 있었다	115
		유언장 대신 돌봄장을 씁시다	119
		아무도 그곳을 병원이라고 부르지 않는다	126
		커뮤니티케어, 병원에서 지역으로	138
		돌봄이 직업이 될 때	143
		자유, 평등 그리고 돌봄	154
		[깊이 읽기] '비행(非行)' 기저귀	165
3부	돌봄과 죽음	우리는 모두 죽음의 이해당사자다	177
		다시 돌아올 수 없는 한 사람을 위하여	183
		"선생님, 집에 가고 싶어요"	185
		당신은 어디에서 죽고 싶습니까	190
		내가 생의 마지막 시간을 보낼 때	221
		[깊이 읽기] 건강이 밑천인 세계로부터	225
	에필로그	죽음을 어려운 일로 만드는 삶의 조건들	237

추천사

새로 쓰는 '죽음의 미래'

박진노

보바스기념병원 원장

한국호스피스완화의료학회 기획이사

사단법인 호스피스코리아 운영위원장

질병 너머에 있는 죽음, 탄생과 마주하고 있는 죽음… 언젠가는 누구나 맞이해야 하는 일이 죽음입니다. '죽음의 미래'에 대해 언론사가 나서서 담론화하는 장을 마련한 것에 오랜 기간 호스피스 병동에서 임종하는 환자를 만나온 의사로서 깊은 감동을 받았습니다. 의사, 의료인류학자, 환자, 보호자, 간병인 등 죽음과 밀접한 관계를 맺고 있는 사람들의 문제의식과 목소리를 담은 이 책은 죽음의 미래에 관해 숙고하는 기회가 될 것입니다.

코로나19로 인해 매일의 확진자와 사망자 수가 뉴스 메인을 차지하고 요양시설과 병원 등에서 확진 판정을 받고 가족과 생이별을 한 채 쓸쓸히 임종하는 환자와 가족의 모습을 뉴스를 통해 자주 접하면서 죽음이 우리의 삶 속에 생생하게 공존하고 있다는 것을 경험하게 되었습니다. 이러한 상황에서 요양시설이나 병원에서의 죽음, 질병, 돌봄이 하나의 문제로 인식되지 않고 별개로 다뤄지고 있는 데 대한 문제 제기는 매우 중요하게 다가옵니다.

취약한 의료시스템 안에서 존엄한 죽음을 맞이하기 매우 어려운 것이 현실입니다. 이 책은 죽음 앞에 서 있을 때 누가 나를 돌볼 것인가를 물음으로써, 우리 사회 죽음의 미래에 대해 현실적인 대안을 찾도록 안내하는 가이드가 될 것입니다.

프롤로그

나경희

— 우리 가족은 정말 운이 좋았다

할머니에게 이상이 생겼다는 걸 알아차린 사람은 엄마였다. 햇살이 잘 들어오는 방에서 할머니의 옷매무새를 다듬고 있던 엄마가 가족을 불러 모았다. 할머니의 눈자위가 누르스름했다. 여행을 떠나는 주말 아침이었다. 들떠 있는 손주들 앞에서 할머니는 황달일 거라고 대수롭지 않게 말했다. "그런가 봐요" 말하면서도 엄마는 고개를 갸웃했다.

주말이 지나고 할머니는 병원에서 진료를 받았다. 검사는 오래 걸렸다. 결과가 나오자 엄마와 아빠는 숨김없이 솔직하게 이야기해주었다. 손을 쓸 수 없는 췌장암 말기였다. 항암 요법을 받거나 수술을 해도 나아질 가능성은 거의 없다고 했다. 10살이었던 나는 할머니를 '고쳐달라'고 울면서 떼를 썼다. 엄마는 그렇게 하기에는 할머니의 나이가 너무 많고 할머니가 받을 고통도 너무 클 거라고 말했다. 나는 침대에 누워서도 분에 못 이겨 씩씩거렸다. '할머니가 이 세상에 없을 거라는 생각만으로도 나는 이렇게 고통스러운데. 내 고통은 알지도 못하면서.'

할머니는 병원에 입원하지 않고 집에서 가족과 함께 남은 시간을 보내기로 했다. 할머니의 몸은 천천히 느려졌다. 결국 부축 없이는 걷지 못하게 됐다. 하지만 우리는 충격을 받지 않았다. 할머니가 하루하루 약해지는 과정을 곁에서 지켜봤기 때문에 그 모습을 자연스럽게 받아들일 수 있었다. 할머니가 병원에 입원했다면, 그래서 우리가 일주일에 한 번 정도 병문안을 갔다면 그때마다 급격하게 상태가 악화돼 있는 할머니의 모습을 받아들이기 쉽지 않았을 것 같다.

할머니와 부모님의 선택은 옳았다. 가족들에게도, 할머니 자신에게도 죄책감을 주지 않았다. 서로에게 지난 날을 정리할 수 있는 충분한 시간을 주었다. 의사가 예상했던 시간보다 6개월이 더 지나 할머니는 집에서 평온하게 눈을 감았다. 무척 슬펐지만 그뿐이었다. 아쉬움이나 분노 같은, 슬픔 이외의 마음은 들지 않았다. 순수한 슬픔으로만 사랑하는 사람을 보내고 애도할 수 있다는 게 얼마나 큰 행복인지, 그리고 얼마나 어려운 일인지 취재를 하면서 비로소 알게 됐다.

우리 가족은 운이 좋았다. 당시 대학병원에서 간호사로 근무하고 있었던 엄마는 고령의 암 환자들이 병원에서 어떤 과정을 거쳐 임종에 이르는지 너무나 잘 알고 있었다. 첫 번째 행운이었다. 초·중학교에 다니고 있던 우리는 일찍 집에 돌아와 할머니를 돌봤다. 문방구고 놀이터고 눈에 들어오지 않았다. 학교만 끝나면 달리고 달려서 할머니 곁으로 돌아왔다. 할머니는 우리를 사랑했고 우리는 할머니를 사랑했다. 할머니가 수십 년간 살아온 집은 수십 년간 쌓여온 사랑이 가득한 공간이었다. 수술로 암이 치료될 가능성이 '조금' 있었다고 해도 할머니는 병원을 선택하지 않았을 것이다. 두 번째 행운이었다.

우리 가족은 정말 운이 좋았다. '운이 좋았다'고 거듭 말하는 건 그렇지 못한 가족이 훨씬 많기 때문이다. 통계청 자료에 따르면 1996년 집에서 사망한 사람이 전체 사망자의 63.2%, 병원에서 사망한 사람이 25.2%를 차지한다. 이 비율은 2003년을 기점으로 뒤바뀐다. 2019년 집에서 사망한 사람은 전체의 13.8%에 불과하고 병원에서 사망한 사람은 77.1%나 된다.

꼭 집에서 죽어야만 좋은 죽음이라는 말은 아니다. 문제는 집을 대신할 수 있는 공간이 병원밖에 없다는 점이다. 병원은 효율적으로 사람을 살리는 게 목표인 공간이다. 질병과의 싸움에서 승리와 패배가 명확히 갈리는 곳이다. 비효율적이더라도 후회 없이, 미련 없이 어떻게 잘 죽을 수 있을까를 고민하기에는 어울리지 않는 공간이다.

죽는 그 순간까지 후회를 걱정해야 한다면, 그렇지 않아도 지친 몸과 마음은 얼마나 두렵고 쓸쓸할까. 모든 순간이 단 한 번뿐이지만 죽음은 정말이지 단 한 번뿐이다. 우리는 단 한 번 맞이할 죽음에 대해 좀 더 다양한 상상을 해야 하고, 좀 더 다양한 경험을 이야기해야 한다.

취재를 하면서 깨닫게 된 사실이 또 하나 있다. 나는 엄마와 아빠를 할머니만큼 잘 보내드릴 자신이 없다는 것이다. 나와 형제들은 타지에서 생활하고 있고, 명절 때나 서로 얼굴을 볼 뿐이다. 이제 부모님 집에는 엄마와 아빠의 쇠잔한 몸을 보완해줄 수 있는 장치가 하나씩 늘어가고 있다. 부엌 가스 밸브에 자동잠금 장치가 새로 달렸고, 욕실 슬리퍼는 미끄러지지 않는 고무 재질로 바뀌었다. 온갖 예방책에도 불구하고 생기게 될 돌봄 공백은 누가 채울 수 있을까.

부모님의 죽음보다 더 자신 없는 건 나의 죽음이다. 내가 결혼을 하지 않는다면, 내게 함께 사는 사람이 없다면 노령의 나를 누가 부축해줄 수 있을까. 나는 할머니만큼 잘 떠날 수 있을까. 다행인 건 이 걱정을 나만 하는 게 아니라는 점이다. 우리는 과연 잘 죽을 수 있을까. '죽음의 미래'를 걱정하는 사람들이 모여 이야기를 나눴다. 이야기 끝에 나온 결론이 책의 제목이 되었다. '죽는 게 참 어렵습니다.' 손 놓고 있을 수는 없다. 사랑하는 사람들의 죽음을, 나의 죽음을 운에만 맡길 수는 없다.

1부 삶과 질병

아픈 몸을 미워할수록 삶이 크게 들썩였다

김영화

질병은 죽음보다 가까이 있지만 죽음만큼이나 준비가 안 된 영역이다. '아플 수 있다'라는 사실은 한결같이 낯설다. 병원 검사 결과를 기다리는 시간은 늘 고역이었다. 선별진료소 코로나19 검사, 산부인과 종합 검사, 유방내과 조직검사 결과까지 짧게는 하루, 길게는 일주일이 걸렸다. 기다리는 동안 오만가지 생각이 들었다. 당장 어디가 아픈 것도 아닌데 혹시라도 좋지 않은 결과가 나올까 봐 두려웠다. 정확히는 병이 갖고 올 위기가 두려웠다. 감염환자라는 미움을 사진 않을까, 아픈 몸으로 취업하고 돈 벌 수 있을까. 진료실에서 의사를 대면할 때마다 나는 작아졌다. 아픈 몸을 미워할수록 삶이 크게 들썩였다.

'폐 끼치지 않고 죽고 싶다'라는 바람은 죽음보다 질병을 두려워하는 마음에서 비롯된다. 질병 그 자체보다는 질병을 바라보는 타인의 시선이 변수다. 지인들과 만날 때마다 '건강 챙겨야 한다'라는 이야기가 단골소재로 나왔다. 좋다는 영양제나 보험 정보를 서로 공유했다. 먹지도 않을 비타민이며 건강 식품들은 쌓여만 간다. 정작 가까운 이들이 아프다고 하면 '스트레스 받지 말라' '몸 챙기라'는 말밖에 할 수 없었다. 누구나 병들고 아픈 게 당연한데 아픈 몸을 대하는 언어는 왜 두 가지뿐일까. 원망하거나, 극복하려 하거나. 질병이 개인의 식습관 및 생활습관에서 비롯한다고 여기는 건강 강박적 사회에서, 또 죽음이 의료의 실패로 여겨지는 의료 현장에서 개개인이 겪어온 질병 경험은 납작해진다.

2020년 7월에 연극 〈아파도 미안하지 않습니다〉(연출 허혜경·기획 조한진희·주최 다른몸들)를 관람했다. 질병을 둘러싼 차별과 낙인 속에서 질병 당사자들이 겪은 경험을 바탕으로 만들어진 작품이다. 근육병으로 관계의 단절을 겪어온 홍수영 씨는 "어색한 악수 대신 '다음 주에 또 볼까요'라는 말을 듣고 싶어요"라고 말했다. 십수 년간 턱관절 통증 재발을 반복해 겪어온 김수희 씨는 "아픔을 극복하기 위해 아픈 시간이 존재하는 것이 아니다. 아픈 사람의 역할은 고통을 목격하고 증언하는 것이다"라고 말한다. 이들이 자신의 삶을 무대 위에 올려놓았다.

아픈 몸들의 이야기를 기록으로 남길 필요가 있다고 생각했다. 연극에 참여한 여섯 명 모두 흔쾌히 응했다. "저희 이야기에 귀 기울여주신다니 고맙습니다. 저도 인터뷰를 통해 제 나름대로 삶을 돌아볼 수 있을 것 같아요." 조현병 당사자인 박목우 씨가 인터뷰 요청에 남긴 문자다. 그는 처음에 '낭독만 하면 된다'고 해서 연극에 참여했다고 한다. 그렇게 3개월간 매주 연습실에서 다른 참여자들과 만나며 난생 처음 무대에 도전했다. 소셜펀딩으로 제작된 연극은 코로나19 시기에도 관객 800여 명을 모았다. 배우로 참여한 여섯 명 모두에게는 각자의 '질병 서사'를 직시하고 드러내는 과정이었다. 다들 '동료가 생긴 기분'이라고 말했다.

20~40대인 배우 여섯 명은 '젊은데 아픈 사람들'이다. 고령 환자 중심의 의료계 담론에서 젊고 아픈 사람들의 이야기는 줄곧 안타까운 불행으로만 소비되어왔다. 경제적 빈곤, 돌봄 공백, 사회적 편견과 관계 단절 등 질병이 가져온 삶의 위기는 비슷하고 또 다양했다. 아픈 몸에 쏟아지는 의심과 연민, 간섭에 대해 이 여섯 명은 '질병은 삶의 배신이 아니다'라고 말한다. 아파도 괜찮다.

다만 필요한 것은 아픈 몸을 원망하거나 극복하지 않고서도 사회로 복귀할 수 있는 방법이다. 각기 다른 여섯 개 질병 서사 속에는 불안정한 몸과 공존하기 위해 분투해온 순간들이 녹아 있다.

노력해도 안 되는 게 있거든요 근육병 | 홍수영

보이지 않는 병증에는 늘 오해가 뒤따랐다. 생각보다 '건강해보여서' 또는 훨씬 '나빠보여서'였다. 퇴행성 근육병을 앓는 홍수영씨는 자주 오해를 받고 살았다. 예상치 못한 순간에 근육을 쥐어짜는 듯한 통증과 경련이 반복적으로 찾아왔기 때문이다. 얼굴에 경련이 나면 입꼬리와 눈 주위 근육을 통제할 수 없었다. 사람들이 보기에는 웃는 모습 같았다. 그를 본 지인들은 "뭐가 그렇게 좋냐"라고 물을 때가 많았다. 경련 후에는 안면홍조가 나타났는데 어떤 이는 자신을 좋아해서 그런 거냐고 묻기도 했다. "저는 보이는 표정과 기분이 다를 때가 많거든요." 인터뷰를 하던 홍씨가 잠시 말을 멈추고 숨을 골랐다. 말을 하다 보면 떨림이 심해진다고 했다.

홍씨는 중학교 1학년 때 근육병 진단을 받았다. 근육병은 갑작스러운 경련뿐 아니라 음식물을 삼키기 힘든 연하(嚥下)장애, 기억력 감퇴와 함께 왔다. 숨 쉬고 잠드는 일상부터 미래에 대한 계획까지 모두 균열이 났다. "아픈 몸으로 산다는 것이 결국에는 완전히 지속 가능성을 잃어버리는 삶이거든요. 뭔가를 하고 싶어도 한 걸음과 다음 걸음 사이의 거리가 너무 먼 거예요." 어렵사리 대학에 진학해 신학·철학·상담학을 공부했지만 지속하는 게 어려웠다. 가장 큰 변화는 누군가와 관계 맺는 일이었다. 분초마다 바뀌는 몸 상태 탓에 오해가 잦았다. 겉으로 보이지 않는 질병이라 사람들은 '네가 마음먹기에 달린 일이다'라는 말을 건넸다. 홍씨에게는 괴로운 말이었다. "저에겐 노력해도 안 되는 게 있거든요."

늘 얼굴 위에 작은 돌멩이들이 얹어진 느낌. 하지만 선생님과 함께 숨 쉬는 방법을 배울수록 돌멩이들의 개수가 줄어드는 것 같다. 횡격막이 열린다는 느낌이 무엇인지, 빨아들이듯 숨을 쉬는 게 어떤 것인지 알아가는 일이 즐겁다. 내 몸은 언제 이런 느낌을 잃어버린 것일까? 기억할 수도 없이 먼 어릴 적 내 몸은 지금보다 자유로웠을까? 광대뼈가 열리고 횡격막의 움직임이 커졌다. 이 호흡을 이제 다시는 내 몸이 잊지 않기를 기도한다.

(2020년 7월 8일)

오전에 스케일링을 받고 온 뒤로 탈진한 사람처럼 기운이 하나도 없다. 어떻게든 목이 돌아가는 걸 제어하려고 애쓰다 보면 몸 전체로 긴장이 퍼진다. 고개를 숙이기만 해도 이석증이 온 것처럼 어지럽고 메스껍다. 수저를 들기도 힘들다. 국을 뜨면 절반은 흘리고 만다. 뒷목과 등에서 미세한 떨림이 전류처럼 흐르고 있다. 식사를 제쳐두고 매트 위에 눕는다. 오른쪽으로 누울 때보다 왼쪽으로 누워 동작을 하는 게 힘들다. 바닥에 눌린 왼쪽 어깨가, 실린 무게를 견디지 못하고 멋대로 흔들린다. 흔들림이 아니라 몸에 집중하기. 언제나 가장 어려운 일….

(2020년 8월 1일)

매일 일기를 쓰기 시작한 건 아프면서부터다. 근육병 때문인지 약 부작용 때문인지 점차 기억력이 희미해졌다. 친구와의 약속을 잊지 않기 위해, 기억하고 싶은 사소한 순간들을 붙잡아두기 위해 메모장에 하루의 일과를 적은 것이 시작이었다. 언젠가부터 그가 쓰는 일기들은 편지가 되었다. 몸의 경련으로 인해 끝마치지 못한 대화, 몸 상태 때문에 빚어진 오해와 그로 인해 건네지 못한 한마디들을 꾹꾹 써내려갔다. "저처럼 어디에 있어도 '세어지지 않는' 이들에게 말을 걸고 싶었어요." 2020년 12월, 오랜 기록들을 꺼내 책 〈몸과 말〉(허클베리북스, 2020)을 펴냈다.

질병이란 내밀한 이야기를 꺼냈을 때 처음으로 '청자'가 생겼다는 느낌을 받았다. '장애를 극복하지 않고서도 타인과 소통할 수 있구나, 한계를 드러내는 것만으로도 고유한 이야기가 될 수 있구나' 홍수영 씨는 생각했다. "제 아픔을 말한다는 게 결국 타인에게 다가가 생각의 균열을 만드는 일 같아요." 그가 가진 연약함은 다른 연약함을 볼 수 있게 했다. 그러자 질병은 더 이상 극복해야 할 대상이 아니었다.

괜찮아, 그거 망상이야 **조현병 | 박목우**

"하루 종일 내가 내 정신이랑 엄청 싸우는 거야." 백 아무개 씨(48)의 말에 박목우 씨가 고개를 끄덕였다. 지하철 이동 상인인 백 씨는 20년째 신경정신과 약을 복용 중이라고 했다. "의사가 그러더라고. 죽을 때까지 먹어야 한다고." 2020년 9월 16일 서울시 영등포구의 한 카페에서 정신장애인 동료 상담이 진행됐다. 정신장애인으로서 받았던 낙인과 편견에 대해 박목우 씨가 묻자 맞은편에 앉은 방 아무개 씨(55)와 신 아무개 씨(63)도 한마디씩 보탰다.

'또라이' '마구잡이' '정신병자'와 같은 말들이 쏟아졌다. 박목우 씨가 "약은 도움을 줄 뿐, 동료나 친구로부터 지지를 받는다면 얼마든지 다시 의미 있는 삶을 살 수 있다"고 말하자 백씨가 웃으며 답했다. "처음 들어보는 말인데, 기분 좋네." 동료 상담가로 일하는 박목우 씨는 조현병 당사자다.

고용노동부가 추진하는 '중증장애인 지역맞춤형 취업 지원사업'으로 박목우 씨는 2020년 7월부터 백씨와 방씨, 신씨를 만나왔다. '취업 의욕을 고취'하여 '경제활동을 촉진'하기 위해 시행하고 있는 사업이지만 정신질환을 앓는 사람들 다수는 집에서 나오는 것에서부터 어려움을 겪는다. 의료시스템이 정신질환을 바라보는 관점은 질병을 통제하고 관리하는 데 초점이 맞춰져 있다. 정신장애인이 지역사회 구성원으로서 살아가도록 하는 '회복'에 중점을 두는 이야기를 해야겠다고 박씨가 다짐하게 된 것도 이런 이유에서다.

'회복의 가능성은 다양하다'라는 말은 박씨가 삶을 통해 확인한 사실이기도 했다. 박씨는 2007년 입학한 대학에서 학교폭력을 겪은 후 트라우마에 시달렸다. 환청과 망상이 시작된 것도 그때부터였다. 누군가 "모든 게 네 탓이야"라고 말하는 목소리가 들렸다. 의사는 약만 잘 먹으면 이전처럼 살 수 있을 것이라고 말했다. 우울하다고 하면 항우울제를 처방해주고, 환청과 망상이 심해지면 약을 늘리는 식이었다. 그러나 '삶이 막막하고 힘들다'는 말에는 별다른 해결책이 주어지지 않았다. 약을 먹으면 환청은 들리지 않았지만 무기력하고 감정이 무뎌졌다. 트라우마를 치료하는 심리상담은 시간당 비용이 높은 편이라 기초생활수급자인 박씨가 접근하기 어려웠고, 지역 재활시설은 턱없이 부족했다. 거의

10년간 박씨는 집 밖으로 나오지 못했다.

박씨는 2017년 장애인 등록을 하며 정신장애인임을 주변에 밝혔다. 경력 단절로 인해 더 이상 직업을 구할 수 없었던 탓도 있지만, 정신장애인으로서 자신이 겪은 이야기를 누군가에게 하고 싶었다. 정신장애인 문학회 '천둥과 번개', 정신장애인 당사자 창작문화예술단 '안티카'에서 동료들을 만난 것이 큰 동력이 되었다. '엄마 아빠가 날 팔아넘길 것 같다'는 생각에 불안해질 때마다 동료들은 아무렇지도 않게 "목우야, 괜찮아. 그거 망상이야"라고 이야기해주었다. 환청과 망상은 다른 정신장애인 동료들과 소통할 수 있는 매개체가 되었다. "세상과 연결되어 있다는 느낌이 이런 거구나, 그때 처음 깨달았어요."

하지만 사회에서 고립되어 살아오던 다른 정신장애인들은 '뉴스'가 되어 세상에 나왔다. 2020년 2월 경북 청도대남병원에서 코로나19에 집단감염되어 사망한 정신장애인에 대한 소식을 들었을 때 박씨는 누구보다 착잡했다. 그 역시 20대 초반, 부모의 요청으로 한 달간 정신병동에 입원한 적이 있었다. 강제입원과 비인간적인 처우는 퇴원 이후로도 오랫동안 그의 삶에 상처를 남겼다. 당시 박씨는 35평(115m²) 공간에서 열댓 명과 다닥다닥 붙어서 생활했다. "약을 거부하면 온몸이 결박된 채 격리되거나 '코끼리 주사'를 맞았어요." 코끼리 주사는 코끼리도 잠들게 한다는 수면 주사였다. "우리가 무능하고 게으른 존재가 아니라 사회가 우리를 노동하지 못하게 하고 쓸모없는 존재로 만들었다고 생각해요."

정신장애인에 대한 낙인과 편견이 심하다는 것은 그만큼 사회가 정신장애인을 '이웃'으로 인정하고 더불어 살아본 경험이 쌓이지 않았다는 말이기도 했다. "언론이 정신질환을 가진 사람을 위험한 사람으로 자주 지목하기 때문에 많은 사람들이 그렇게 생각하기 쉬워요. 하지만 제가 만난 사람들은 남에게 책임을 전가하기보다 내 잘못은 없었는지 되묻는 사람들이고 세상이 내는 작은 목소리에 예민하게 반응하는 사람들이었어요." 박목우 씨가 동료 상담을 위해 직접 준비한 자료에는 '당신은 시민으로서 권리를 가지고 있다'는 글귀가 쓰여 있었다. 고립되어 스스로를 탓하고 있을 정신장애인 동료들에게 박씨가 전하고 싶은 말이다.

암 환자가 일하는 이유 유방암 | 정지혜

자고 일어나면 흰색 베개 커버에 빠진 머리카락이 수북했다. 정지혜 씨가 유방암 4기 진단을 받고 항암치료를 시작한 직후였다. '이참에 여성성을 벗는 실험을 해볼 수 있겠다'고 생각했다. 암 환자의 민머리를 슬퍼하고 안타까워하는 시선에 의문이 들었다. 친구들과 함께 소셜미디어를 통해 '삭발식' 생중계를 했다. 영상 속에는 '윙' 하고 울리는 바리캉 소리 사이로 '시원하다' '두상이 예쁘다' 같은 말소리가 시끌벅적하게 담겼다. 질병과 함께하는 삶에 늘 슬픔과 좌절만 있는 것은 아니었다.

정씨는 서울 중구 을지로를 기반으로 활동하는 예술기획자다. 기록적인 폭염이 한창이던 2018년 여름, 유방암 진단을 받았다. "터질 게 터졌다는 생각이 들었어요. 어디가 아픈지 검사받기도 부담이 되는 재정 상태라 계속 미뤄왔거든요." 프리랜서 기획자로서 하고 싶은 일을 하려고 '투잡'이 필수인 삶을 살았다. 늘 피곤하고 무기력했지만 과로 때문이겠거니, 혹은 덥고 추운 날씨 탓이겠거니 했다. 지하철 플랫폼에서 쓰러지고 나서야 몸이 심상

치 않다는 걸 깨달았다. 종양은 눈에 보일 정도로 커져 있었다. 주변 장기까지 암이 전이되어 있는 탓에 검사와 수술, 집중치료가 지난하게 반복되었다. 붙잡고 있던 일들을 한꺼번에 놓아야 했다. 정씨는 "아프니까 잠시 쉴 수 있었어요"라며 웃었다.

1년간 항암치료를 여덟 번 받았다. 그사이 '유방암 4기 생존자'라는 수식어가 생겼다. 어떤 날은 손끝 하나 움직이기 어려웠지만 어떤 날은 항암 끝나고 어떤 맛있는 음식을 먹을지 생각하느라 설레기도 했다. 매 순간 격렬히 슬퍼할 수만은 없었다. '아프면 아픈 대로의 삶이 있을 것'이라고 정씨는 담담하게 받아들였다. 오히려 울상이 된 지인들의 걱정과 위로를 받으며 '괜찮다' 안심시키느라 매번 진을 뺐다. 사회가 질병을 얼마나 낯설어하는지 그때 처음 알게 되었다. 아픈 몸은 '아무것도 할 수 없는 무기력한 모습'으로 쉽게 대상화되었다. 아프다는 사실보다, 아픈 몸을 대하는 사회의 태도 때문에 슬펐다.

정씨는 질병과 함께 사는 소소한 일상을 소셜미디어에 공유한다. 미디어가 보여주는 암 환자에 대한 고정관념을 깨부수고 싶었다. "아픈 사람이 질병에 대해 자꾸 얘기해야 덜 불편해질 것 같았어요. 이게 일상인 사람이 있다는 걸 말하고 싶어서요." 마지막 항암치료를 끝내고 짧게 올라온 머리카락을 보면서 그는 또 한 번 유쾌한 시도를 했다. 친구들을 불러 '내가 부처를 할 테니 소원을 빌어보라'고 했다. 카메라 앞에서 신도들의 추앙을 받는 '여자 부처'가 되었다. "아픈 사람을 꼭 위로해야 한다는 강박은 없었으면 해요. 아픈 것 자체를 편하게 말할 수 있는 분위기면 충분하지 않을까요?"

2020년 들어 병이 안정기에 접어들면서 구직활동을 시작했다. 처방받은 유방암 치료제 '입랜스'가 건강보험 급여로 인정되지 않아 약값으로만 한 달에 300만 원씩 쓴 뒤였다(2019년 6월부터 건강보험이 적용되어 월 12만 원으로 인하됐다). 아픈 몸으로 일을 하는 것은 매번 의심에 부딪히는 일이기도 했다. 이력서에 생긴 2년간의 공백은 정씨가 해명해야 할 숙제가 되었다. '아파서 쉬었다'고 말하면 면접관들은 '왜 암 환자가 일을 하려고 하는지' '이제는 안 아픈지' 물었다. '일을 할 수 있는 상태이기 때문에 괜찮다'라고 말하면서도 정씨는 늘 거짓말하는 것 같았다. 고용복지센터 청년일자리는 '지병, 건강쇠약 등으로 근로가 불가하다고 판단하는 자'는 지원 대상에서 배제된다는 조항이 있었다. "정부에서 지원하는 제도마저 다 건강을 기본값으로 상정하는 것 같아요. 아픈 몸도 노동을 원해요. 아픈 몸은 돈이 많이 드니까요."

항암치료가 끝나던 2019년, 'WSW(We are Still Working)'라는 이름의 프로젝트를 시작했다. 한 분야에서 오랫동안 일하고 있는 여성 베테랑을 만나 그들의 이야기를 기록하고 있다. 요양병원에 있으면서 돌봄노동이 평가절하되는 현실에 문제의식을 느꼈다. "한 분야에서 오래 버텨온 여성 노동자들이 말할 기회가 좀처럼 없어요." 8년차 요양보호사, 35년차 안마사, 청계천 세운상가에서 30년째 다방을 운영하는 사장님을 만났다. '어떻게 하면 오래 일할 수 있나'라는 고민의 답을 찾고 싶었다. 정지혜 씨는 아픈 몸도 자립을 원한다고 말한다. 그러기 위해서 암보다, 암을 대하는 사회와 싸우는 중이다.

다섯 번도 했는데 여섯 번쯤이야 **근육경련 및 통증 | 김수희**

하고 싶은 일들을 미루면서 살았다. 김수희 씨는 '이 병이 나으면'

'치료가 끝나면' '다시 건강해지면' 하고 싶은 일들을 모두 할 수 있을 거라고 스스로를 다독였다. 2002년 다니던 대학원에 휴학계를 제출할 때만 해도 그랬다. 이미 두 차례나 수술한 턱관절 질환이 재발하면서 재수술을 해야 하는 상황이었다. 고등학교 2학년 때 사고로 턱을 다친 이후 턱관절이 심하게 손상되어 통증이 반복되고 있었다. "수술만 마치면 다시 학교로 돌아갈 수 있을 줄 알았는데 결국 못 돌아갔네요." 수술 이후 김씨는 온몸의 근육이 경직되는 증상을 느꼈다. 갑작스러운 근육경련과 만성통증이 김씨의 일상이 된 것도 그때부터였다.

대학 동기들이 취업하는 동안 김씨는 집과 병원, 재활시설을 오갔다. 깨어 있는 시간은 대부분 근육을 풀고 이완하는 데 쓰였다. 재활치료를 하루이틀 쉬면 금세 몸이 굳었다. 예고 없이 찾아오는 근육경련 때문에 하루 4시간 이상 잠을 이루지 못했다. 침대 머리맡에 마사지볼·폼롤러·젠링 등 각종 도구들을 비치해뒀다. "저는 한 번도 쉬지 않았는데 사회에서는 아무것도 안 한 게 되어버리니까요." 예전보다 통증은 덜하지만 아팠던 이야기에는 반사적으로 눈물이 난다. 수술 이후 바뀐 얼굴 때문에 오랫동안 거울과 사진을 보지 못했다는 이야기를 할 때도 김씨의 목소리가 떨렸다.

잡힐 듯 잡히지 않는 게 건강이었다. '언제든 재발할 수 있다'던 의사의 말대로 손상된 턱관절은 몇 년마다 한 번씩 김씨를 통증으로 괴롭혔다. 대학병원에서 만난 한 의사는 '예민한 성격을 고쳐야 한다' '집에서 쉬지만 말고 움직여야 나을 수 있다'는 말도 덧붙였다. 그럴수록 김씨는 운동에 몰두했다. 재활치료를 3시간씩 받는 것으로 모자라 헬스장 문 닫는 시간까지 몸을 움직였다.

매번 수술대에 누워 '이 수술만 받으면 나을 수 있다'고 주문을 걸었지만, 턱관절 염증과 근육경직 증상이 회복될 무렵 자궁과 난소에서도 혹이 발견되었다. 14cm 크기의 자궁근종이었다. 2017년과 2018년 난소와 자궁 수술까지 받으며 김수희 씨는 총 다섯 차례 수술을 거쳤다.

건강했던 시간보다 질병과 같이 산 세월이 길어지면서 김씨가 깨달은 사실은 몸이 내 마음대로 되는 게 아니라는 점이었다. 아픈 몸을 '잘 데리고 살아갈' 방법을 터득해야 했다. "다섯 번 수술해서 멀쩡했는데 여섯 번도 받을 수 있겠지 하는 마음이 들었어요." '이번이 진짜 마지막'이라는 마음을 버리고 나니 몸의 변화를 좀 더 편하게 바라볼 수 있었다. 김씨는 아팠던 시간들이 결코 무의미하지 않았다고 말했다.

덕분에 하고 싶은 일들을 더 이상 미루지 않는 사람이 됐다. "나으면 해야지 했는데 그 시간이 언제 올지 알 수 없었어요." 록 콘서트 스탠딩 공연, 플라잉 요가 자격증반, 글쓰기를 하나씩 시도했다. 질병이 삶의 모든 가능성을 끊어내는 건 아니었다. 밖에서 보면 아픈 몸의 시간은 쓸모없을지 몰라도, 안에서 보면 몸의 미세한 신호에도 민감하게 반응해야 하는 삶이었다. 그러면서 알게 된 사실 하나는 몸이 스스로 치유하는 능력을 가졌다는 것이다. 통증은 몸이 살기 위해 보내는 신호였다. "정말 많이 굳은 데는 대침을 찔러도 느낌이 없거든요. 몸이 고통을 주는 신호는 살아 있다는 증거라고 생각해요." 이제는 통증과 재발, 또 있을지 모르는 수술을 더 이상 두렵게만 느끼지 않는다.

청춘은 건강한 남성의 얼굴을 하고 있다 **크론병 | 안희제**

인터뷰 당일이던 2020년 9월 14일, 안희제 씨는 끝내 잡지 못한 모기 한 마리 때문에 잠을 설쳤다. 그런 날이면 항문 근처에 난 상처가 심해져 화장실을 자주 들락날락하게 된다. 복통, 두통과 함께 나타나는 크론병의 흔한 증상 가운데 하나다. '악' 하는 비명 소리와 함께 휴지에는 피가 묻어 나온다. 거의 매일 겪는 통증이지만 아직 치료제가 개발되지 않아 견디는 것 말고는 방법이 없다. 컨디션이 좋지 않은 날에는 무방비 상태로 몸에게 당하는 느낌이다. "제 아픔을 설명하기 위해 '피똥눈물'이라고 이름을 붙였어요."

크론병은 구강에서 항문까지 위장관 전체에 나타날 수 있는 만성 염증성 장질환이다. 주치의는 치료가 아닌 관리가 필요한 난치병이라며 관리를 잘못하면 암에 걸릴 수도 있다고 경고했다. 정형외과부터 소화기내과, 항문외과, 신경정신과까지 종합병원을 이리저리 헤맸다. '떠밀렸다'는 표현이 좀 더 적절했다. 어떤 곳에서는 크론병이 아니라고 했고, 어떤 곳에서는 당장 수술을 해야 한다고 말했다. 크론병 진단 이후에도 의사는 매번 수치상으로는 문제가 없다며 '스트레스를 관리하라'는 말만 반복했다. 3분 진료는 그렇게 끝났고, 염증과 무기력증은 계속되었다.

고등학교 때는 상위권 성적에 배드민턴부 대표를 할 정도로 체력도 좋았다. 안씨는 '아프지 않았다면 자본주의 사회에 걸맞은 성과를 꾸준히 내며 살아갔을 사람'이라고 과거의 자신을 설명했다. 승부욕은 그를 설명하는 대표적인 단어였다. "내 앞에 누가 걸어가면 그걸 못 견뎌했어요."

겉보기에는 '멀쩡한 청년'이었지만 몸이 그렇지 않았다. 밤샘

작업과 술자리로 이루어진 대학생활은 건강한 신체로만 가능한 것들이었다. 크론병 환자는 카페인, 알코올, 밀가루, 맵고 짠 음식을 입에 댈 수 없다. 안씨는 소주 대신 물을 홀짝이며 술자리를 버텼다. 예기치 않게 찾아오는 복통 때문에 조퇴와 결석, 갑작스러운 약속 변경이 잦았다.

겉으로 보이는 장애가 아니었으므로 의심받기 일쑤였다. "청춘은 건강한 남성의 얼굴을 하고 있더라고요." 가까운 이들은 '군대 안 가도 되는 병'이라거나 '치킨이랑 술 못 먹는 병' 정도로 크론병을 이해했다. 그러나 정작 그를 힘들게 한 건 자신이었다. 기대에 못 미치는 결과를 두고 무능하다고 자책하는 시간들이 이어졌다. "아파도 이만큼 할 수 있다는 걸 증명해 보이고 싶었어요. 그렇게 일을 마구 벌여놓고 수습하지 못하는 내가 다시 원망스러웠죠." 경쟁사회의 시선을 내면화하고 있던 그는 자신의 아픈 몸을 미워했다.

건강했던 몸을 마냥 그리워하지 않게 된 건 '느린 사람들'과 관계를 맺으면서부터다. 장애인권동아리 활동을 하며 걷고, 말하고, 문자를 치는 데에는 사람마다 속도의 차이가 있을 수 있다는 사실을 배웠다. 그동안 자신이 빠른 속도로 추월해왔던 사람들이 머릿속에 스쳤다. 새로운 관계 속에서 안씨는 아픈 몸을 감추며 '괜찮은 척'하지 않았다. "아프고 약한 사람들이 강해져야 하는 게 아니에요. 아프고 약한 채로 살다가 편하게 죽고 싶어요."

'나는 아마 낫지 않을 것이다.' 이 한 문장을 쓰기까지 5년이 걸렸다. 안씨가 쓴 책 〈난치의 상상력〉(동녘, 2020)에 나오는 문장이다. "다시는 그전으로 돌아갈 수 없다는 사실을 명확히 하고 싶었어요." '완치'라는 헛된 희망에 매일의 삶을 내맡기고 싶지 않았다. 술 진탕 마시기, 피시방에서 밤새워 게임하기, 매운 음식 먹기 같은 건강했던 몸의 기억과 현실 사이에서 아슬아슬한 줄타기를 한다. 특히 관해기*에는 자꾸 욕심을 내게 된다. 금방 무너질 때도 있지만, 그런 시도들 덕분에 청주와 막걸리는 먹을 수 있다는 '귀한' 사실을 알게 되었다. 아프다고 해서 모든 가능성이 차단되는 것은 아니었다. 하룻밤 못 자면 2~3일은 아플 걸 알면서도 밤새워 원고 작업을 하기도 한다. 그렇게 아픈 몸과 공존하는 법을 알아가고 있다.

규칙 같은 소리 하고 있네 **난소낭종 | 다리아**

다리아 씨(활동명) 집 냉장고에는 손글씨로 빼곡히 적은 반찬 레시피들이 붙어 있다. 남은 재료까지 일일이 체크해뒀다. "주부도 직업이고 노동자더라고요." 2017년 일을 그만둘 때는 집이 또 다른 직장이 될 거라곤 예상하지 못했다. 집안일을 전담하는 그는 쉬어도 쉬는 게 아니다. 인천의 한 부품공장에서 일하는 남편은 한겨울에도 내복에 소금이 밸 정도로 중노동을 한다. 몸 곳곳에 화상 상처를 달고 사는 육체노동자라 집안일을 채근하기가 쉽지 않았다. 다리아 씨에게는 집도 편히 아플 수 있는 공간은 아니다.

2013년 난소에 13cm짜리 혹이 발견되었다. 의사는 낭종의 정확한 원인은 밝혀지지 않았다고 말했지만 지인들은 '예민한 성격' 때문일 것이라 억측했다. 다리아 씨 역시 잘못된 자신의 습관들을 끄집어내 스스로를 나무랐다. 오른쪽 난소는 70%, 왼쪽 난소는 20%가 남았다. 종양을 제거하는 것으로 병원의 임무는 끝났

* 병증이 호전된 상태, 완화된 기간

지만 몸에 남은 후유증은 오롯이 자신의 몫이었다. "몸의 생태계가 뒤바뀌는 것 같았어요." 면역력이 약해지면서 질염에 자주 걸렸다. 바뀐 몸은 '새로운 일상'을 요구했다.

의사는 '규칙적인 식습관, 충분한 수면, 적절한 운동'이 중요하다고 말했다. 그러나 다리아 씨에게는 닿을 수 없는 처방전이었다. "누가 건강해지는 방법을 모르나요? 못 하는 거지." 그의 경우 긴 통근 시간이 몸을 학대했다. 일평생 인천에 살았지만 일자리 대부분은 서울에 몰려 있었다. 대표 '지옥철'로 꼽히는 지하철 1·2호선 신도림역을 포함해 두 번을 더 환승해야 직장에 도착할 수 있었다. 하루 왕복 네 시간, 사람들 틈바구니에서 다리아 씨는 이를 악물고 버텼다. 부족한 잠은 커피로 달랬고, 밤 9시가 돼서야 끼니를 허겁지겁 때웠다. '규칙' '운동' 어느 것 하나 그의 삶에 끼어들 자리가 없었다. 2017년 여름, 난소낭종이 재발했다.

이번에는 가족 모두가 이해관계자처럼 촉각을 곤두세웠다. 시어머니는 자궁에 좋다며 익모초환 세 봉지를 챙겨주기도 했다. 아픈 여성도 예외 없이 '아기 낳을 몸'으로 취급당했다. 정작 다리아 씨의 고민은 난임보다는 경력 단절에 있다. "아파서 가난해지고, 가난해서 더 아프게 되는 것 같아요."

그럼에도 질병을 안고 살아가는 것을 단순히 '불행'으로만 설명할 수 없다고 그는 말한다. 고도근시 때문에 초등학교 3학년 때부터 안경을 썼고, 하루 종일 의자에 앉아서 일한 뒤로는 어깨에 만성통증이 생겼다. 피곤한 날에는 안구건조증이나 치질로 고생한다. 어디서부터 아픈 몸이고, 어디서부터 건강한 몸이라고 말할 수 있을까. "질병이 생긴다는 건 죽는 것만큼이나 자연스러운 일이더라고요." 난소에 다시 자라났다는 낭종은 더 이상 삶에 대한 위협으로 다가오지 않았다. 부자연스러운 건 마음 편히 아플 수 있는 공간이 없다는 사실뿐이었다.

우리가 병을 이야기하기 시작했을 때

김호성 ▪
송병기 •
권혁란 ▴
조기현 ◆
조한진희 •

2020년 9월 6일(일)

서울 중림동 〈시사IN〉 편집국 회의실

스무 살 무렵에는 엄마처럼 살고 싶지 않았다. 30년 넘는 세월을 가로지른 어느 날, 그보다 더 깊고 간절하게 '엄마처럼 죽고 싶지 않다'고 생각하게 될 줄은 몰랐다. 자신의 죽음과 삶에 관해 단 한 가지도 결정할 수 없는 무력한 몸이야말로 이른바 '백세시대'가 드리운 그늘이었다. 〈엄마의 죽음은 처음이니까〉(한겨레출판, 2020)는 저자 권혁란 씨의 '개인사'인 동시에 자연사를 쉬이 허락하지 않는 시대에 대한 기록이기도 하다. 응급실이나 중환자 대기실에서 콘센트에 휴대전화 충전기를 꽂고 하염없이 '좋은 죽음' '연명치료' '존엄사' 따위를 검색하며 눈물짓고 있을 또 다른 사람을 만나고 싶었다. 성실하게 늙어가는 자신의 몸 역시 두려웠다. 엄마가 아프다고 할 때마다 '늙으면 다 아프다'라고 대수롭지 않게 대꾸했던 말이 떠올라 괴로웠다.

늙음만이 사람을 병들게 하는 건 아니다. 조한진희 씨는 30대 중반 원인불명의 질병과 연이어 찾아온 암을 경험하면서 길어 올린 질문들을 〈아파도 미안하지 않습니다〉(동녘, 2019)를 통해 세상에 돌려준다. 건강은 추구해야 하고 질병은 퇴치해야 하는 이분법적 세계에 '질병권(아플 권리)'이라는 새로운 권리를 디딤돌처럼 놓았다. 아픈 사람을 빨리 회복시키는 것만이 능사가 아니라 아픈 상태로도 잘 살아갈 수 있는 조건을 만들자는 제안이다.

건강한 몸을 정상으로 여기는 사회에서 아픈 몸은 열등해진다. 질병은 병원으로, 요양원으로, 그 밖의 각종 시설로 '처박힌다.' 그 풍경의 일부인 가난하고 아픈 아버지는 사실 가난해서 아팠다. 조기현 씨는 20대의 많은 시간을 가난과 질병을 증명하기 위해 허비해야 했다. 조씨가 쓴 〈아빠의 아빠가 됐다〉(이매진, 2019)는 한 사회의 가난과 불평등이 개인의 몸에 어떤 영향을 미치는지에 관한 진단서이기도 하다.

한 사회가 '아픈 몸'을 어떻게 돌보고 있는지 살펴보는 일은 죽음의 미래를 엿보는 일이기도 하다. 질병은 죽음을 이해하는 소중한 단서이기 때문이다. 질병과 죽음에 관한 각자의 내밀한 경험이 더 많은 보편의 이야기로 나눠질 때, 삶도 조금은 덜 잔인해진다.

■ **김호성** 제가 일하는 곳이 호스피스이기 때문에 저는 임종을 앞두고 계신 분들을 많이 봅니다. 통증 등 증상이 잘 조절되면 집에 잠깐 가서 보고 싶은 분을 보고 오실 수 있도록 격려해드리는데 코로나19 이후에는 불가능해졌어요. 다른 모든 의료기관과 마찬가지로 면회가 엄격하게 제한돼 있습니다. 남은 시간을 의미 있게 보내도록 돕는 음악치료나 미술치료 프로그램도 못 하고 있어요. 임종기에 종교인의 도움을 받아 마지막 기도를 받는 것도 어려워 환자들에게 여러모로 미안한 마음이 큽니다. 이렇게 코로나19 시대 말기 돌봄 현장에서 환자들의 고통은 이전과 비교하여 조금 더 커졌고, 그것을 관리하는 저희에게도 심리적인 어려움이 있습니다. 매일매일 고민이죠.

▲ **권혁란** 제가 쓴 〈엄마의 죽음은 처음이니까〉 출간일이 2020년

1월 31일인데 2월부터 코로나19가 심각해졌어요. 북토크 같은 출판 관련 행사도 취소되어서 전혀 할 수 없었고요. 늙고 아픈 엄마가 돌아가시는 과정을 책으로 쓰고 펴내면서 누구나 맞닥뜨릴 일에 대해 함께 이야기하며 공감하고 싶었는데 그럴 수 있는 기회 자체가 사라졌죠. 부모의 죽음은 모두 '내 일'이잖아요. 특히 50대 여성인 제 나이 또래에서 많이 겪고 있는 일이고요. 늙고 아픈 부모를 돌보는 와중에 자신의 건강마저 위태로워지는 시기이기도 합니다. 엄마 간병하느라 다니던 병원을 요즘 제 몸 때문에 다니고 있어요. 이유가 불분명한 두드러기가 나고 귀가 울고, 여기저기가 아파요. 그런데 검사를 받아도 원인이 없대요(웃음).

● 조한진희 코로나19 이후에도 저는 일상이 크게 변하지 않았어요. 주변에 아픈 친구나 동료들이랑 이야기해봐도 '코로나19가 왔다고 해서 변한 게 없다'는 친구가 많고요. 저는 만성질환이 있기 때문에 제 체력을 감안해 평소에도 일주일에 2~3일만 외출하면서 지내고 있어요. 뭐라고 표현하는 게 정치적으로 올바른지 모르겠어서 말을 조심하게 되는데…. 약간의 속 시원함이 있어요. '질병과 더불어 살아간다'는 불확실성과 두려움을 저나 아픈 동료들만 알았는데, 이제는 세상 사람들이 모두 직간접적으로 경험할 수밖에 없는 상황에 놓였잖아요. 이 불안을 모두가 겪고 있죠. 중증질환이나 치료를 명확하게 할 수 없는 만성적 질병이 있으면 외출이 자유롭지 않고 삶의 동선이 부자유스럽다는 걸 그동안은 아무리 설명해도

이해받기 어려웠거든요. 〈아파도 미안하지 않습니다〉에도 썼지만 '건강한' '표준'의 몸은 사실 드물어요. 다들 크고 작은 질병이나 장애를 가지고 있죠. 또 많은 사람들이 아픈 사람을 돌보면서 살고 있어요. 의료를 비롯한 모든 시스템이 아픈 사람을 빨리 회복시키는 걸 목표로 삼고 있지만, 저는 아픈 사람이 회복되지 않더라도 아픈 상태로 이 사회에서 잘 살아갈 수는 없는지 고민하고 있습니다. 기존의 한국 보건의료운동은 '건강불평등을 어떻게 해소할 것인가' '제도적으로 어떻게 더 많은 사람을 케어할 것인가'가 중심이었던 것 같아요. 정작 아픈 사람이 아픈 상태로 살아가는 삶 자체에는 관심이 못 미쳤던 거죠. 전문가주의를 벗어나 아픈 사람들이 주체가 되어 질병과 인권에 대해 발화할 수 있을까, 아픈 몸을 어떻게 그런 주체로 만들 수 있을까가 요즘의 질문이에요.

◆ **조기현** 책(《아빠의 아빠가 됐다》)이 나오자마자 코로나19가 시작돼서 잡혀 있던 일정이 밀리고 취소되는 등 시간 활용하기가 어려웠어요. 뭘 해야 할지 모르겠는 공백 상태가 지속되더라고요. 저처럼 청년이 가족 돌봄을 하고 있는 사례를 찾아 기록해보자 싶어서 '영 케어러(young carer) 프로젝트'를 하고 있는데 이것도 코로나19 때문에 인터뷰가 쉽지 않아요. 여러모로 시기가 안 좋은 거죠. 익명으로 인터뷰를 한다고 해도 가족사나 가족 내 역학 관계가 일정 부분 공개되다 보니 인터뷰이 구하기도 쉽지 않고요. 젊은 친구들일수록 내가 '표준'이 아니라는 두

려움이 있어요. 이걸 어떻게 가시화하면 좋을지 고민입니다. 그래도 코로나19를 계기로 사회 구성원들이 질병, 돌봄, 죽음에 대해 이야기할 수 있게 된 것 같습니다. 제 책에서는 질문으로 끝냈지만 요즘은 실천해볼 수 있는 시기라는 생각이 들어요.

• 송병기 인류학에서는 현장연구가 중요한데 현재 코로나19로 어려운 상황입니다. 요즘 동네 산책을 많이 해요. 강화된 사회적 거리두기가 시행되면서 저녁에는 거리가 굉장히 한산해졌어요. 얼마 전 프랑스 친구에게서 연락이 왔어요. 코로나19 확진됐다는 이야기를 담담하게 하더라고요. '프랑스에서는 코로나19 확진자에 대한 낙인이 없나'라는 생각도 들었고, '워낙 확진자가 많아서 그런가'라는 생각도 들더라고요. 사회 구성원들이 질병을 단일하게 보지 않고 그 개인의 삶의 서사와 함께 연결해서 바라보고 대화하는 게 중요하다고 생각합니다. 우리도 전염병과 죽음을 한 세트로 묶어서 '죽느냐 사느냐'로 보고 그 밖의 것들을 주변화시키기보다는 질병과 돌봄을 둘러싼 개인들의 서사를 폭넓게 살피고 나누는 기회로 만들었으면 좋겠습니다.

▪ 김호성 '아픈 몸'의 이야기가 많아져야 한다는 조한진희 선생님 이야기에 크게 동감합니다. 의학기술이 발달하면서 건강을 통제하고 관리할 수 있다고 믿는 문화적 배경이 만들어졌어요. 특히 한국은 산업사회에 필요한 인적자원을 만들기 위해 국가가 통제한 영향도 있습니다. 의료 권력과 국가 권력이 건강 관리와 통제 정책을 시행했고,

시민들도 거기에 적응해왔죠. 하지만 사람의 몸이라는 게 궁극적으로 '통제'와 '관리'의 대상이 될 수는 없습니다. 저도 고등학교 때 이유 없이 많이 아팠거든요. 찾아갔던 여러 병원에서는 병명을 찾지 못했어요. 심리적인 이유라는, 어떻게 보면 뻔한 이야기를 하는 거죠. 개인의 질병, 더 나아가 죽음의 과정은 이처럼 통제와 관리에 한계가 있습니다. 그래서 질병 경험을 듣고 나누는 일이 중요합니다. 타인의 질병을 나의 이야기로 상상하며 간접 경험을 하는 거죠. 이를 위해서는 문화적 분위기가 중요한데, 한국에서는 이런 이야기를 나누기가 굉장히 어려운 것 같아요. '더 건강하게 해준다'며 식품을 파는 쇼닥터와 모든 병을 고칠 수 있을 것처럼 선전되는 대형 병원의 이른바 명의 이야기만 회자되는 게 현실입니다. 출생과 사망 시에는 의사가 작성하는 서류가 필요합니다만 삶의 모든 경로에 의사가 반드시 필요하지는 않습니다. 저는 의사이기 때문에 신체에 문제가 생기면 의학적 처치가 필요하다고 강조하지만, 몸의 불편함에 '적응'해서 살아가는 일도 중요하다고 생각합니다.

우리는 결국 '버려지는' 걸까

▲ **권혁란** 7080 어르신들은 요양원의 'ㅇ'만 꺼내도 '나는 버려질 것이다' '버림받았다'는 생각을 하시는 것 같아요. 그래서 (요양시설에) 가게 되는 사람이나 돌보는 사람이나 모두 심적으로 힘들고요. 그런데 호스피스는 또 그다음 단계잖아요. 누군가에게는 생의 마지막 장소가 되는 거고

요. 많은 분들이, 아니 모든 사람이 '자연사'를 원하지만 문자 그대로의 자연스러운 죽음은 이제 찾아보기 어렵습니다. 죽음에 대한 이야기가 몇 년 전부터 언론에도 자주 나오는데, 노노케어(老老-care)라든지 간병살인처럼 죽음과 연결된 돌봄 문제를 읽을 때마다 정말 속상해요. 엄마가 요양원, 요양병원, 중환자실과 집중치료실을 전전하는 동안 존엄사를 다룬 기사와 책, 영화를 아주 많이 찾아봤어요. 읽을수록 답답하고 슬프더라고요. 시설 내 노인학대 문제나 열악한 음식, 비리 문제 같은 것들이 주로 나오니까요. 돌봄 '잘하는 곳'을 소개하거나 '요양하기 좋은 사례' '잘 죽는 것'은 뉴스가 안 돼요. 자식이자 보호자 입장에서는 정말 괴롭죠. 우리는 언젠가 다 죽잖아요. 그런데 기사를 보면 끝에 가서는 결국 '버려지는 일'인 것처럼 보여요. 다른 방향에서 볼 수 있는 이야기들이 더 많이 나왔으면 좋겠어요.

■ **김호성** 현재 의료시스템에서는 환자 및 보호자와 커뮤니케이션하는 일, 즉 감정을 수습할 수 있도록 돕는 일을 할 만큼의 시간적 여유나 인력이 충분치 못합니다. 예를 들어보죠. 암이 진행되는 동안 환자는 대형 병원과 수년 이상 관계를 맺게 됩니다. 그런데 일정 순간이 다가오면 주치의로부터 '더 이상 치료가 안 된다'는 이야기를 듣게 됩니다. 충분히 설명할 시간도 부족해요. 저도 그 상황을 압니다. 대형 병원 의료진들은 매우 바빠요. 그게 옳다는 게 아닙니다. 하지만 그런 물리적·제도적 현실이 엄연히 존재하는 것도 사실입니다. 충격을 최소화하

면서 연착륙시키는 과정이 없어요. 안타깝게도 많은 환자가 호스피스로 전원될 때조차 예후(죽음)에 대한 이야기를 충분히 나누지 않은 상태에서 옮기게 됩니다. 그러다 보니 통증 같은 증상 관리 문제보다 심리적인 어려움이 더 큰 문제가 되기도 합니다. 병원에서 버려졌다는, 믿고 있던 시스템에서 버려졌다는 느낌을 받는 거죠. 그래서 환자가 호스피스에 오면 저희가 제일 처음 하는 일 중 하나가 '안심'시키는 일입니다. '당신은 버려지지 않았습니다. 끝까지 최선을 다하겠습니다. 책임을 지겠습니다.' 통증이 없게 하고 증상을 조절하는 것도 대단히 중요하지만 그보다 더 시급한 것이 이런 커뮤니케이션입니다. 환자와 보호자들에게 '이 질환의 예후는 불가피하지만 이 시스템에서 당신은 아직 버려지지 않았고 우리가 끝까지 책임을 지겠다'고 이야기하는 것이야말로 어떻게 보면 호스피스·완화의료*의 핵심입니다.

● **송병기** 일종의 딜레마입니다. 김호성 선생님 말씀처럼 의료 현장에서 헌신하는 의료진이 분명 있어요. 어떤 직군에서든 각자 맡은 일을 충실히 수행하고 높은 직업윤리를 가진 분들이 있습니다. 하지만 동시에 권혁란 선생님의 말씀도 사실이거든요. 집에서 노부모를 돌보고 말기 돌봄을 한다는 것이 현실적으로 쉽지 않음에도 불구하고 부모를 시설에 모실 때 갖게 되는 모종의 죄의식이 있

* 생명을 위협하는 질환을 가진 환자의 신체적 증상을 적극적으로 조절하고, 심리적·사회적·영적 어려움을 겪는 환자와 그 가족을 의사·간호사·사회복지사 등 다학제로 구성된 팀이 돕는다. 서비스 유형과 대상에 따라 입원형, 자문형, 가정형이 있다.

는 것도 사실이지요. 이 사회에서 죽음과 생애 말기 돌봄에 대한 이야기가 이처럼 다를 수 있다는 사실을 확인하게 됩니다.

■ **김호성** 우리 사회는 질병의 상태나 죽음에 대해 이야기하는 것을 터부시하죠. 저는 조한진희 선생님이 말씀하시는 '질병권'도 비슷한 맥락으로 이해합니다. 건강이 삶의 목적이 아니고, 질병을 가지고 삶에 적응하는 것도 중요하죠. 언제든 죽을 수도 있다는 걸 받아들이고 살아가는 게 자연스러운 일이라고 생각합니다. 하지만 근대 과학적 사고에 영향을 받은 의학 문화는 기본적으로 멸균 시스템입니다. 균 없이 깨끗해야 하고 건강해야 하죠. 그게 현대사회 시민들이 생각하는 문화적인 '정상'의 기준입니다. 예를 하나 들어보죠. 산후우울증이 있는 환자가 결국 자기 아이를 죽이고 제정신이 아닌 상태에서 정신과 병동에 입원했습니다. 의사는 이 환자를 치료해야 할까요? 의학적으로 '정상'이 아니니 치료를 해야 하지만, 만약 치료 이후 자신이 아이를 죽인 사람이라고 인지하게 되면 환자가 극단적인 선택을 할 수도 있습니다. 이청준의 단편소설 〈조만득 씨〉에도 비슷한 아이러니가 나옵니다. 가난과 가족의 병수발에 지친 조만득 씨가 과대망상적 정신병에 걸렸는데, 담당 의사는 환자를 치료하여 고통스런 '진실'의 현실에 되돌려놓는 것이 올바르다고 생각합니다. 하지만 간호사는 그것이 오히려 환자에게 해가 될 수 있다고 생각하여 치료에 반대합니다. 결국엔 담당 의사의 의지에 따라 치료를 받고 현실

로 돌아온 환자는 가족들을 살해합니다. 의학적 시각에서 '정상'이란 보통 '기관(organ)의 이상적 상태' 또는 '집단의 평균'을 말하지만 이는 환자가 앓고 있는 질병 종류에 따라, 그리고 환자의 남은 여명에 따라 다를 수 있습니다. 많은 사람들이 근원적 원인을 제거할 수 없는 만성질환 및 정신질환을 앓고 있죠. 또 여명이 얼마 남지 않은 말기 상태에서는 정상의 기준을 환자 및 그 환자를 둘러싸고 있는 보호자들의 '적응'에 맞춰야 합니다. 하지만 환자가 자신의 몸으로 그 환경에 정말 적응하고 있는지를 제3자가 파악하는 데 불가피하게 시간이 들어갑니다. 현재의 3분 진료로는 한계가 있죠. 결국 다른 대안들이 필요합니다. 저는 그 대안 중 하나가 질병이나 죽음에 대한 서사가 보다 풍성해지는 일이라고 생각합니다.

● 조한진희 저는 나이 들면 요양원에 가고 싶어요. 요양원을 둘러싼 부정적 이미지들이 많죠. 실제로 문제 있는 요양원도 있고요. 크게는 우리 사회가 병들고 아픈 사람들을 각종 시설로 치워왔고 현재도 그러고 있다는 게 문제입니다. 그럼에도 불구하고 좋은 사례들이 또 분명 있어요. 2018년에 아주 가까운 동료를 잃었어요. 친한 친구여서 임종까지 지켰는데 호스피스에서 생애 마지막을 보내고 있는 모습이 정말 좋더라고요. '나도 이런 데서 죽고 싶다'라고 생각했어요. 그때 알았습니다. 호스피스 병동이 죽어가는 사람을 위해서도 필요하지만 아직 살아 있는 사람, 남아 있는 사람에게도 필요하다는 걸요. 저는 1

인 가구 여성이고 비혼주의자이기 때문에 노년 혹은 질병 상황에서 가족에 의존한 돌봄을 아예 전제하지 않고 있습니다. 그게 힘들다는 걸 잘 알기도 하고요. 투병 초기에 애인과 함께 살았는데, 초기 몇 년간 그 친구가 돌봄을 전담해줬어요. 가족이나 애인 같은 사적인 관계가 돌봄을 전적으로 책임진다는 게 보통 어려운 일이 아니더라고요. 돌봄을 받는 환자도 힘들어요. 그렇다 보니 어떻게 제도적인 돌봄을 만들 것인지에 대한 관심이 많아요.

◆ 조기현 지역에서 봉사활동을 하시는 50대 여성들과 이야기를 나눌 기회가 있었어요. 그 지역에서 인공 장루를 달고 있는 할머니가 쓰러졌어요. 무연고자였고 요양병원에 갈 형편이 안 되니까, 봉사자들이 어떻게 도울까 고민한 거죠. 한 명씩 돌아가면서 할머니를 돌보자는 아이디어가 나왔는데, 결국 '못 한다'고 결론이 났대요. 다들 그 할머니와 지내는 데 어려움이 없을 거라고 생각하면서도 말이죠. 왜냐하면 '내 부모도 잘 못 돌봐줬는데'라는 죄책감이 다들 있는 거예요. 가족 돌봄이 실제로는 어떻게 굴러가든, 모종의 질서와 압박은 계속되고 있는 거죠. 내가 과거에 돌봄을 어떻게 수행했느냐에 따라 자신이 가진 역량이 충분하더라도 조절하는 거예요. 돌봄이 사회화되려면 이 감각이 확장되어야 하는데, 결국 다시 던져야 할 질문이 '가족은 무엇인가'인 것 같습니다.

● 송병기 권혁란 선생님은 어머니를 요양원에 모셨고, 향후 본인이 입소할 '좋은' 요양원을 알아봐달라고 딸에게 부탁하

기도 했습니다. 질병과 죽음을 둘러싼 고민과 해결이 가족을 중심으로 돌아가고 있다고 보입니다. 큰오빠가 집에서 어머니를 모시다가 힘들어서 요양원으로 옮기게 되고, 어머니 돌봄을 둘러싸고 언니들과 이야기도 많이 나누신 걸로 압니다. 또 집에서 임종한 시어머니의 상황과도 비교해보셨죠. 반면에 조기현 선생님의 책은 응급실에서 시작됩니다. 아버지가 쓰러져서 수술을 받아야 하는데 수술동의서에 서명할 수가 없었어요. 나이가 어려서 보호자의 자리를 획득할 수 없었죠. 가족 자원이 없는 상황에서 아버지를 돌보기 위해 공적 제도를 적극적으로 검토하고 지원하고 비판하는 서술이 많습니다. 권 선생님은 가족 외 공적 제도에 대한 검토는 안 해보셨는지 궁금합니다.

▲ **권혁란** 초고가 원고지 1800매였어요. 단행본으로 만들다 보니 절반 이상 이야기를 추려내야 했는데, 제가 가장 잘 할 수 있는 이야기를 남긴 셈이에요. 경험과 마음에 집중해서 쓰면서 한 사람이 죽어갈 때 거쳐 가는 공간과 처지를 기록한 겁니다. 공적 제도의 혜택을 어떻게 받을 수 있을지, 그게 가능한지에 대해서 잘 모르기도 했고요. 엄마에게는 자식이 여섯 명이나 있는데 누가, 어떻게, 어디서 돌봐야 하는가에만 골몰하느라 다른 방향을 못 보기도 했어요. 엄마, 나, 그리고 제 딸들로 이어지는 3대가 죽음과 질병과 늙음을 어떻게 겪었고, 겪고 있고, 겪을지에 대한 이야기들이 남은 거죠. 백세시대에 유병장수하는 부모를 뒀고, 자식이 많아도 요양원에 보낼 수

밖에 없었고, 내 딸들에게는 이렇게 서글프고 불안한, 죄의식에 시달리는 상황을 겪게 하고 싶지 않다는 두려움에 몇 년 동안 빠져 있었어요. 대부분의 가족이 겪고 있는 일이라는 생각이 들었고요.

● 송병기 상상입니다만, 가족이 부재한 상황이라면 어땠을까요?

▲ 권혁란 기가 막혔겠죠. 상상이 잘 안 됩니다. 우리가 '가족'이라는 이름으로 묶여 있지만 다 다른 입장에 서 있었어요. 엄마 입장, 아버지 입장, 시어머니 상황도 달랐죠. 돌봄의 방식이 정말 다 달랐어요. 제 생각에는 엄마가 남들 못지않게 자식들 곁에서 잘 지내시면서 잘 살고 가셨다고 여겼는데, 엄마는 요양원에 간 것 때문에 자식들에게 버림받았다는 생각을 놓지 못하신 것이 안쓰러웠어요. 못된 자식들로 만드시나 싶었고 좀 더 의연하실 수는 없을까 생각하기도 했고요. 저는 이제 부모는 다 돌아가셨고, 자식에게는 '폐 끼치지 말아야지' 하는 마음으로 죽음과 관련된 갖은 공부를 다 해보는 중이에요. 이제야말로 '가족이 없다면'을 상상하게 된다고나 할까요. 그런데 막상 내 몸이 늙어가며 원인 없이 아프기 시작하니까 그제야 엄마가 온전히 이해가 되더라고요. 엄마가 여기저기 아프다고 했을 때 '늙으면 다 아픈 거다'라고 냉정하게 말했던 내가 너무 끔찍했어요. 내가 참 오만했고 몰랐구나 싶더라고요. 아프다는 말조차 못 하게 막았다는 게 후회가 돼요. 아무튼 가족이 있는데도 아프고 늙고 죽어갈 것을 생각하면 공포가 밀려옵니다. 이렇게 마음을 먹고 공부를 한다 해도 두려운데 혼자 사는

환자 또는 보호자를 생각하면 너무 막막해져요.

4050 여성들이 요양원에 가는 까닭

◆ 조한진희 제 부모는 80대이고 딸 다섯을 두셨어요. 제가 그중 넷째예요. 언니들과 동생은 모두 결혼했고 아이도 있어요. 그런데 부모가 병원 갈 일 있으면 저를 호출해요. 제가 거부한다고 해서 가족들이 저를 비난하지는 않지만 돌봄이 '급하면' 찾는 게 1인 가구 비혼 여성인 거죠. 얼마 전 어머니가 저한테 제안을 하시더라고요. 통장을 하나 만들어줄 테니까 나중에 본인이 아플 때 책임져달라는 내용이었어요. 저는 자매들과 책임을 나눌 수는 있지만 혼자 할 수는 없다고 답했어요. 어머니는 서운해하지 않고 잘 수용하셨죠. 하지만 어쨌든 비혼 여성이 주로 가족 내 돌봄을 떠맡게 되는 그런 순간이 오죠. 통계를 봐도 남성 노인이 아프면 아내가 돌보고, 여성 노인이 아프면 딸이 돌봐요. 노부부가 같이 아픈 상황에서도 돌봄은 아내 몫이에요. 암 환자들이 가는 요양원도 4050 중년 여성들이 많이 가요. 이유가 있어요. 암 환자의 경우 운신이 가능하더라도 항암 과정에서 체력이 많이 떨어집니다. 집안일을 하기가 힘들어요. 요양원에 들어가야 그나마 집안일을 안 할 수 있는 거죠. 집안일의 부담에서 벗어나려면 요양원에 가는 수밖에 없는 거예요.

■ 김호성 돌봄 현장에서 성별 차이는 저도 많이 느낍니다. 부인이 아플 때 남편이 뭘 할지 모르는 경우가 자주 있어요. 해보지 않은 일이어서 서툴기도 하고요.

• **조한진희** 저희 어머니가 뇌졸중으로 쓰러지신 적이 있는데, 병석에서도 저를 돌봤어요(웃음). 당신이 맏며느리로 시어머니와 50년 가까이 살았고, 딸 다섯을 키우는 동안 돌봄을 제공하는 사람으로만 살아와서 돌봄을 받을 줄 모르는 거예요. 간병인이 있는데도 필요한 걸 요청하지 못하시더라고요. 핵심이지만 많이 이야기되지 않는 부분인 것 같아요. 돌봄을 수용하는 것도 훈련이 필요합니다. 어떤 방식으로 돌봄을 받고, 보호자 혹은 돌봄 제공자와 어떻게 관계 맺을지에 대한 이야기는 사회적으로 공백이에요. 몸이 아프거나 죽음에 이르는 과정은 돌봄을 계속 받는 과정이기도 하잖아요. 현재 돌봄은 자본의 방식으로만 굴러가요. 고용-피고용 관계에서 '갑질'하지 않으면서 돌봄을 수용하는 것도 질병과 죽음을 사유하는 데 필요한 주제라고 생각해요.

• **김호성** 호스피스에 입원한 환자의 절반 정도가 약 3주 안에 소천하세요. 한 달이 채 안 되는 이 기간이 참으로 짧고, 또 소중하죠. 하지만 대개의 환자들이 그 시간을 의미 있게 사용하지 못합니다. 성별에 따라 그 이유가 좀 달라요. 아버님들은 신체를 자유롭게 쓰지 못하고 몸이 통제가 되지 않는 것에 대한 분노와 부정이 큽니다. 보통은 하고 싶은 걸 웬만하면 하고 사셨거든요. 아프면 몸의 자율성이 사라지잖아요. 그걸 잘 못 견디세요. 남은 시간을 충분히 잘 사용하지 못하고 감정에 많이 얽매여요. 코로나19 전에는 이런 문제로 환자들이 힘들어하시면 종교인 상담을 연계하기도 했죠. 하지만 실존적 문제

라 어쩔 수 없는 면이 있습니다. 반대로 어머님들은 체력이 떨어진 상황에서도 다른 사람을 걱정하느라 남은 시간을 잘 못 보냅니다. '내가 죽고 나면 내 자식, 내 남편은 어쩌지'라는 근심걱정에 꽉 차 있어요. 제가 어머님들에게 자주 드리는 말씀은 '이기주의자가 돼야 한다'예요. 아버님들에게는 이런 얘기를 안 해요. 할 필요가 없어요(웃음). 남은 시간을 어떻게 자기를 위해 써야 하는지 모르는 경우도 많습니다. 자기를 위해서 살아본 적이 거의 없기 때문에 자기가 무엇을 좋아하는지 모르는 거죠.

조한진희 아픈 사람들을 인터뷰해보면 성별 차이가 있다는 걸 느껴요. 일반화할 수는 없겠지만, 삶에서 무엇을 정리해야 하는가에 대한 우선순위도 성별에 따라 다릅니다. 여성들은 관계를 고민해요. 말씀하신 대로 남겨질 자식 걱정을 먼저 하죠. 반면 남성은 주로 외로움을 표현하는 등 절망 서사가 강한 편입니다. 자신의 몸을 자신이 컨트롤하지 못하는 것에 대한 분노와 수치심이 커요. 이를테면 여성은 월경 같은 경험을 통해 자신의 몸을 자기가 컨트롤하기 어려운 경험을 계속 하거든요. 그런 점을 포함해서 질병은 여러 의미로 여성과 가까워요. 아픈 사람이 있을 때 돌보는 주체를 여성으로 호명하죠. 또 '아프다'는 상태, 타인에게 의존하거나 도움을 받을 수도 있다는 것을 상대적으로 남성보다는 여성이 더 잘 수용하도록 사회화된 것 같아요. 반면 남성들은 자신의 아픈 몸을 수용하기 힘들어하죠. 수용, 비수용의 문제보다는 수용하는 태도의 문제라고 해야겠네요.

◆ **조기현** 돌봄활동을 하는 남성 청년을 인터뷰하기 전에 기대랄까, 희망이랄까 그런 게 있었어요. '돌봄 경험이 이른바 남성성을 해체하는 데 도움이 되지 않을까, 아파도 괜찮은 사회, 질병권에 대한 감각이 생길 수도 있지 않을까' 그런 생각을 했죠. 그런데 제가 만난 인터뷰이의 경우 되레 남성성이 강화되는 경향을 보였어요. 돌봄을 가부장의 연장선에서 해석하더라고요. 가족의 가치, 효의 가치를 수호하는 사람으로서 자신의 돌봄을 설명해요. 돌보는 사람으로서 집안 전체의 통치자가 되는 거예요. 더 강한 가부장으로서 자신을 위치시키면서 돌봄을 유지하는 동력으로 삼더라고요. '딸 같다'라는 말이 화난다고 해요. 복잡하죠.

● **송병기** 보호자라는 자리, '보호자'라는 말에 대해서도 이야기해보면 좋겠어요. 권혁란 선생님은 딸로서, 당연히 자식으로서 어머니를 임종까지 보살피는 보호자가 될 수밖에 없었던 흐름 속에 계셨어요. 반면 조기현 선생님의 경우는 보호자라는 지위를 획득하는 일, 역할을 하나씩 새롭게 규정하고 이행해나가는 이야기가 책에 많이 담겨 있습니다.

◆ **조기현** 보호자로서 역할은 하는데 제도로부터 그 지위를 인정받지 못하는 경험을 한 거죠. 한편으로 제도는 적극적으로 저를 부양의무자로 호명합니다. 제가 아버지를 아버지라서가 아니라 사회적·경제적·신체적 약자이기 때문에 시민으로서 돌봤다고 썼잖아요. '시민'이라는 말을

찾을 수 있었던 건 제가 남성이었기 때문에 좀 더 쉽고 가능했다는 생각을 해요. 가족 돌봄 활동을 하는 여성 청년들을 만나보면 죄책감을 느끼는 정도가 차원이 다르더라고요.

◆ **조한진희** 코로나19 초기에 맞벌이 부부 남성이 아이 돌보기 힘들다고 썼던 칼럼이 엄청 회자됐었잖아요. 돌봄도 남성이 했을 때 훨씬 주목받아요. 돌봄의 주체가 실제 가족 안에서 딸이나 며느리인 경우가 압도적으로 많은데 그건 당연시되고요.

◆ **조기현** 어떤 강의 자리에서 만난 할머니 한 분이 그런 말씀을 하셨어요. 언젠가 당신이 치매에 걸리면 가족에게 폐 끼칠까 봐 너무 두려웠는데 제 책을 읽고 나서 자녀분께 "효자가 아니라 시민이 되어다오"라고 말해야겠다고 생각하셨대요. 돌봄을 고민할 때 윤리적 압박이나 죄책감을 느끼는 게 아니라 민주주의라는 공적 이성을 활용하는 거죠. 그런데 또 이렇게 말할 수 있는 사람은 자신의 아픈 몸을 인정할 수 있는 사람이에요. 아픈 몸에 대한 사회적 인식이 어떠한지에 따라서 돌봄 경험도 크게 다를 것 같아요. 저희 아버지는 지금도 분노하세요. "너 때문에 치매 검사해서 이렇게 됐다"라고. 저는 아버지를 돌보기 위해 공적 제도에 병을 '증명'해야 하는데, 아버지 입장에서는 이게 일종의 낙인인 거예요. 아버지는 병원에 있는 지금도 자기가 아프다는 걸 사람들 앞에서 절대 이야기하지 않아요. 아버지에게 아픈 몸은 쓸모없는 몸이거든요. 아버지가 자신의 아픈 몸에서 의미를 찾

아 스스로 목소리를 낼 수 있는 사회였다면 돌봄도 지금보다는 훨씬 쉬웠을 것 같아요.

● 조한진희 건강할 권리야 말할 것도 없지만, 건강을 위해서 최선을 다하지 않아도 비난받지 않는 게 제가 말하는 질병권이기도 해요. 죽음을 최대한 미루는 게 최선이 아니라는 게 어느 정도 합의되면서 연명의료결정법*이 생겼잖아요. 사람마다 자신의 우선순위가 다를 수 있어요. 이를테면 제가 하루 24시간을 온전히 건강 관리를 위해 쓴다고 하면 지금보다는 좀 더 건강한 상태로 살 수 있겠죠. 근데 저는 좀 더 건강해져서 70~80세까지 사는 것보다 좀 덜 건강한 상태여도 내가 원하는 일을 하면서 60세까지 살겠다는 선택을 한 거거든요. 이런 이야기를 하면 비난의 시선이 있어요. 인생을 가지고 도박하는 거냐고 하죠. 그런데 질병 경험이 편안해져야 죽음도 좀 더 편안하게 생각할 수 있는 것 같아요.

"그래서 언제까지 살 수 있습니까?"

■ 김호성 선진국에서는 어떤 질병인지와 상관없이 6개월 안에 임종을 맞을 가능성이 높다고 의사가 판단한 환자는 호스피스 서비스를 받게 돼 있어요. 주로 간호사 방문 호스피스가 이뤄집니다. 간호사들이 환자 상태를 계속 확인

* 말기 및 임종 과정에 있는 환자에게 호스피스·완화의료를 제공하고 환자의 자기결정권을 법적으로 보호하기 위해 2016년 제정, 2018년 시행됐다. 사전연명의료의향서와 연명의료계획서에 따라 환자의 자기결정권을 보장하는 것이 핵심이다. 이 법을 수행하려는 의료기관은 윤리위원회를 설치·등록해야 한다.

하고 보호자에 맞춰 지속적으로 의사소통을 하는 거죠. 한국도 방문 호스피스를 시행하고 있지만 아직 한계가 많습니다. 입원형 호스피스 역시 말기 암 환자로 대상이 국한되어 있고요. 제도적으로 보완되고 보편화되어야 할 겁니다. 호스피스 제도는 돌봄을 훈련하는 데도 중요한 역할을 해요. 죽음을 수용하는 것도 '용기'라고 할 수 있지만 자신이 연약해진 상황에서 다른 사람에게 도움을 요청하는 건 더 큰 '용기'라고 할 수 있거든요. 돌봄을 받아들이는 훈련은 환자와 보호자가 그냥 할 수 있는 게 아닙니다. 기본적으로 환자의 상태를 잘 아는 의료진의 예후 예측, 연명의료* 결정에 대한 의료진과의 의사소통이 얼마나 충분히, 또 깊이 이뤄지는가와 긴밀하게 연결되어 있어요.

• 송병기 오늘날 한국인 10명 중 8명이 병원에서 사망합니다. 생의 끝자락과 죽음에 있어 의료진과의 만남을 절대 배제할 수 없죠. 보통 한국에서는 암 치료가 대학병원 중심으로 이뤄지는데 '치료 단계'에 있어서는 교수들 간에 합의된 과정이 있습니다. 진단 및 치료에 대한 진료 계획은 비교적 명료한 편이에요. 반면에 암이 진행되고, 소위 말기 고지를 해야 하는 상황에 이르렀을 때는 다양한 대응이 이뤄집니다. 의사 각자의 철학과 입장에 따

* 임종 과정에 있는 환자에게 행하는 심폐소생술, 혈액투석, 항암제 투여, 인공호흡기 착용 및 이외 대통령령으로 정하는 의학적 시술. 치료 효과가 없는 연명의료로 인한 비용 부담 증가와 '죽음의 질'에 대한 문제가 지속적으로 제기되자 2013년 국가생명윤리심의위원회에서 특별법 제정을 권고했고, 2015년 연명의료결정법이 제안됐다.

라서 달라져요. 항암치료를 줄이거나 중단하고, 호스피스로 가서 완화의료를 받는 것과 관련해 환자 및 보호자와 긴밀하게 논의하는 게 '교과서적' 대응이겠죠. 그런데 이때 어떤 의사는 임종 직전까지 집중치료를 하기도 하고, 또 어떤 의사는 보호자를 건너뛰고 환자에게 말기 고지를 직설적으로 하기도 하고, 또 어떤 의사는 말기 고지에 대한 언급 없이 상황을 지리멸렬하게 끌어가기도 합니다. 물론 대학병원뿐만이 아니라 만성질환을 겪고 있는 노인 환자들이 모여 있는 요양병원이나 요양원에서도 임종기를 명료하게 판단하기란 쉽지 않습니다. 우리는 지금 어떻게 아프고 돌보고 죽을 거냐에 관한 이야기를 하고 있지만 실제 현장에 가보면 죽음은 '어떻게'의 문제라기보다는 '언제'의 문제입니다. 타이밍이 주요 쟁점이 됩니다. 언제 죽느냐, 언제까지 살 수 있느냐. 이 타이밍을 제대로 측정해야 어떤 치료를 할 것인지, 시설로 이동을 할 것인지, 가족이나 보호자는 어떤 준비를 할 것인지 등등이 정해집니다. 이런 현실을 직시하지 않고 연명의료결정법이 있으니 '내가 원하는 대로 죽을 수 있겠지' '존엄사할 수 있겠지' 하는 생각은 다시 해볼 필요가 있습니다. 저는 오늘날 죽음은 사전연명의료의향서*와 연명의료계획서**를 위시한 실존적 결단이기보다는 당사자들(환자·보호자·의료진) 사이에서 벌어지는 지난한 협상의 산물이라고 봅니다.

▲ **권혁란** 병원에서는 아픈 사람을 일단 살리잖아요. 병원의 존재 이유가 살리는 일이니까요. 내가 더 이상 살기를 원하지

않는다 해도 의식을 잃거나 중증으로 쓰러지거나 하면 일단 자신도 모른 채 병원에 실려 가게 됩니다. 생명이 언제 어떻게 될지 모르는 상태에서, 아무것도 합의되지 않은 상태에서 병원에 간단 말이죠. 집에서든 거리에서든 생과 사의 경계에 다다를 때 가장 먼저 병원으로 가요. 언제 어떻게 죽겠다는 개인의 각오나 다짐, 사전연명의료의향서 작성은 현실에서는 유의미하게 작동하지 못하는 것 같습니다. 저처럼 사전연명의료의향서 등록증을 목에 걸고 다닌다 해도 말이지요.

● **송병기** 그게 바로 쟁점입니다. 그 문제를 한국은 행정적으로 풀고 있어요. 저는 연명의료결정법을 일종의 '율리시스 계약(Ulysses Contract)'***이라고 봅니다. 존엄한 죽음을 위해 환자의 의견을 존중한다는 의미로 각종 서류에 일단 서명하면 뒷일에 대한 각종 '잡음'이 갈무리됩니다.

■ **김호성** 2018년부터 환자가 건강할 때에는 사전연명의료의향서를 쓰고, 아플 때에는 연명의료계획서를 쓰게 되었습니

* 19세 이상인 사람이 자신의 연명의료 중단 결정 및 호스피스에 관한 의사를 직접 문서로 작성한 것. 보건복지부 지정을 받은 사전연명의료의향서 등록기관을 통해 충분히 설명을 듣고 이해한 후 본인이 직접 작성하고, 연명의료 정보처리 시스템에 등록해야 법적으로 유효하다.

** 말기 환자 또는 임종 과정에 있는 환자의 뜻에 따라 담당 의사가 환자에 대한 연명의료 중단 결정 및 호스피스에 관한 사항을 계획하여 문서로 작성한 것.

*** 율리시스(그리스 신화 오디세우스의 라틴어 이름)가 선원들로 하여금 밀랍으로 귀를 막게 하고 자신은 배의 기둥에 몸을 묶어 세이렌의 유혹을 이겨낸 에피소드를 연상케 하는 데서 차용한 용어. 미래에 합리적이지 못하거나 위험한 선택을 할 경우를 대비하여 현재 시점에서 미래의 자신을 제약하는 조건을 만드는 것을 의미하며, 나약함이나 나태함을 보완하기 위한 수단으로 많이 활용된다.

다. 연명의료결정법이 생기고 현장에 적용된 후 한동안 심한 혼란이 있었어요. 과거에는 DNR*이 의료진과 환자 및 보호자들 사이에 암묵적으로 이뤄지는 일이었는데 이게 명문화된 법 테두리 안으로 들어간 거죠. '보라매병원 사건'**의 아픈 기억이 아직 남아 있는 현장에 연명의료결정법이 적용되다 보니 의료진들이 법조문 해석과 처벌 조항에 민감해졌어요. 환자들과 의사소통하기보다 문서를 작성하는 데 집중하는 거죠. 현장에서는 다양한 상황이 벌어지기 때문에 무엇을 '하지 말라'고 금지하면 차라리 부담이 덜해요. 그런데 '이런 걸 하라'고 하면 그때부터 복잡해져요. 법이 시행되고 어느 정도 시간이 지나면서 안정이 됐지만 아직까지도 사전연명의료의향서는 환자와 의료진의 원활한 의사소통을 위한 수단이라기보다는 문제가 생기지 않게 보증하는 합의 문서의 느낌이 더 큽니다. 저신뢰 사회에서 일종의 안전장치 역할을 하는 거죠.

- **송병기** 현 의료체계에서 의료진과 환자(보호자)의 커뮤니케이션이 정말 가능한가 의문을 품는 사람들이 많다고 봅니다. 그래서 병원이 아닌 집에서 임종을 한다면 좀 다른 가능성이 열리지 않겠나 하는 생각을 하는 분들이 있는 것 같아요. 혹은 병원도 집도 아닌 좀 다른 트랙에 대한

* Do Not Resuscitate. 본인 또는 가족의 의사결정에 따라 심폐소생술을 시행하지 않는 것.

** 1997년 12월 4일 술에 취해 화장실에 가다 넘어져서 머리를 다쳐 서울 보라매병원에 입원한 환자를 퇴원시켜달라는 가족의 요구에 응한 의료진이 인공호흡기 착용을 중단해 환자가 사망에 이른 사건. 해당 의료인에게 살인방조죄가 적용되면서 의료계는 연명의료 중단과 관련해 소극적, 방어적 태도를 취하게 되었다.

상상을 해보자 하는 이야기도 나옵니다.

■ **김호성** 연명의료결정법이 끝이 아니라 기초적인 디딤돌이라고 생각하면 긍정적인 면이 없는 건 아닙니다. 모든 것을 한꺼번에 해결할 수는 없으니까요. 의료계와 시민들이 신뢰를 쌓아가는 과정이 필요하죠. 2020년 의사파업 때도 느꼈지만 의료계와 시민사회의 간극이 점점 커지는 것이 우려가 됩니다. 의료계에서도 굉장히 중요한 토픽 중 하나가 환자 자율권이에요. 의사들에게 지속적으로 교육하고, 또 의사 대부분이 그 내용에 동의해요. 한편으로는 환자가 소송을 걸지도 모른다는 두려움과 이른바 '진상' 환자들에 대한 개인적인 경험이 의사 커뮤니티에서 회자되기도 하고요. 그게 내과나 외과 같은 바이탈(vital)을 다루는 과의 지원율에도 영향을 미칩니다.

▲ **권혁란** 죽음을 앞둔 많은 분들의 꿈이 '집에서 죽는 것'이잖아요. 저희 시어머니가 병원을 가지 않고 집에서만 앓다가 돌아가셨는데, 그렇게 보면 소수의 복 많은 분 중 한 명이죠. 통증이나 증상이 덜해서 가능했던 것 같아요. 돌봄 비용이 요양원에서 모시는 것보다 4~5배쯤 더 들어요. 한 달에 500만 원 정도 들었어요. 일단 집이 넓어야 해요. 시어머니와 24시간 간병인이 살 수 있는 방이 따로 있어야 하고요. 방에는 병원 중환자실과 다름없는 시설이 갖춰져 있어야 해요. 간병인 일당이 하루 10만 원인데 한 달이면 300만 원이에요. 환자는 물론 간병인 식사도 가족들이 준비해줘야 되고요. 주로 며느리 일이 되죠. 교사였던 큰며느리는 일을 그만뒀어요. 우리 엄마를

시어머니와 비교해보면, 어떻게 보면 우리 엄마가 가엾죠. 그렇게 집에 가고 싶어 했지만 못 가보고 병원에서 돌아가셨으니까요. 시어머니처럼 돌아가시는 일은 아주 특별하다고 생각해요. 마음과 상관없이 집에서 죽는 일은 여러 가지 '자원'이 있어야 하니까요. 그런 생각을 하다 보면 요양원이든 요양병원이든 현재보다 시스템이 더 나아져야 한다고 생각해요. 꼭 집에서 죽어야 좋은 것인지에 대한 이야기도 더 진전되어야 할 것 같고요. 세상에는 어떻게 살 것인지, 다르게 살 것인지를 얘기하는 책은 많아요. '마흔에는 어떻게 살겠다' '인생은 예순에 시작된다'처럼 나이대별로 삶의 무늬를 이야기하는 건 수두룩하잖아요. 이제는 '우리는 다르게 죽기로 했다' 같은, 잘 죽을 권리에 대한 이야기를 많이 해야 한다는 생각을 합니다. 삶 못지않게 죽음에 대한 이야기를 더 밝고 진지하게 나눌 수 있으면 좋겠어요.

'마을 요양원'을 상상하다

조한진희 질병권이 보장되면 죽음에 대한 권리도 연동해서 변화될 거라고 봐요. 아프지 않은 사람은 질병에 대한 두려움이 크잖아요. 아프고 싶지 않고, 나이들고 싶지 않아 해요. 저는 '집에서 죽고 싶다'는 말도 다시 해석돼야 한다고 생각합니다. 대체 그 '집'이 어딜까요. 또 뭘까요. 집을 물리적 공간으로만 해석하는 건 너무 제한적인 상상력 아닐까요. 집에서 죽을 수 있는 시스템을 제도적으로 만드는 것도 필요하죠. 또 개인의 집이 아닌, '좋은 집'을 많이 만드는 것도 의미가 있다고 생각해요.

- **송병기** 좋은 집이 많아진다는 것은 어떤 의미일까요?
- **조한진희** 일본에는 '매기스 도쿄'라는 암 환자를 위한 쉼터가 있어요. 암 환자만이 아니라 보호자, 친구 누구나 와서 쉬는 공간입니다. 치료가 아니라 쉬는 게 목적인 공간이죠. 아플 때 힘든 것 중 하나가 돌봄 제공자와의 갈등인데 이곳에 와서 다른 돌봄자를 만나서 이야기하면서 각자의 고민을 알게 되기도 하고요. 여기서 도움 받은 사람들이 자기 유산을 쉼터 운영비로 내놓고 가기도 한다고 해요. 치료는 병원에서 받지만 힘들 때는 쉼터에 와서 사람을 만나고 이야기를 듣는 거죠. 어떤 의미에서 아픈 사람에게 '집'의 역할을 하는 겁니다. 집이 내 마음이 편한 곳, 돌봄을 받고 온기를 느끼는 관계가 있는 곳이라고 한다면요. 이처럼 집을 여러 방식으로 넓혀서 상상할 때 좋은 죽음도 가능하지 않을까요. 저는 호스피스가 보호자를 위한 공간이기도 해서 좋았어요. 남은 시간이 얼마쯤이고, 몸이 어떻게 변할 거고, 다른 사람은 어떤 식으로 이 위기를 넘겼다는 등의 이야기를 계속 해주시더라고요. 약간 다른 이야기지만 돌봄 공간도 이분화돼 있는 것 같아요. 치매, 암 환자 같은 어떤 큰 질병이 있어야 요양원으로 가게 되는데, 저는 일상적인 요양 공간도 있어야 한다고 생각해요. 전에 제가 다리를 다친 적이 있어요. 저는 엘리베이터가 없는 주택 건물의 3층에 살고 있었는데 다친 다리로 외부 출입을 하기가 어려우니 끼니 챙겨 먹는 게 아주 큰 일이더라고요. 동네

에 돌봄공간이 있다면 어땠을까요. 중증환자가 아니기 때문에 입원 치료는 필요 없잖아요. 병원에서도 '집에 가서 잘 쉬세요'라고 하거든요. 그런데 집에서 '잘' 쉴 수 있는 사람이 얼마나 되냐는 거죠. 집에서 혼자 잘 쉴 수 있는 사람은 많지 않아요. 나이와 상관없이 많은 사람이 집에서 잘 못 쉬어요. 일상의 도움이 필요한 사람을 위해 마을에 단기 요양원이 있어야 한다고 생각해요. 그게 바로 돌봄의 사회화가 아닐까요. 아픈 몸으로 사는 데 있어 선택지가 많아야 할 것 같아요. 죽음도 마찬가지고요. 각자 가진 세계관이 다르고 삶의 방식이 다르다는 건 죽음에 대한 방식도 다를 수밖에 없다는 의미잖아요. 선택지를 많이 만들어주는 사회가 좋은 사회죠. 이분법을 벗어나야 질병이든 죽음이든 풍요로워질 수 있어요.

● **송병기** 동시에 질병에 대한 관념도 사실상 재구성할 수 있고요.

◆ **조한진희** 돌봄이 잘 돼 있으면 질병에 대한 두려움이 훨씬 낮아져요. 코로나19를 계기로 상병수당* 얘기도 나오는데, 아플 때 의료비 걱정 없이 병원에 갈 수 있고 필요한 돌봄을 받을 수 있으면 질병에 대한 두려움이 지금보다 훨씬 낮아지겠죠. 아플 때 통증도 문제지만 첫 번째 두려움이 경제활동을 할 수 없어서 빈곤해지는 거잖아요. 제도가 어떻게 형성되느냐에 따라서 '나는 절대로 아프고 싶지 않아'라는 말이 변화될 수 있죠. 죽음도 어떤 제

* 노동자가 건강 문제로 일하지 못할 때 국가가 소득을 보전해주는 제도. 2020년 7월 정부가 발표한 '한국판 뉴딜 종합계획'에 해당 내용이 포함되어 2021년 7월 기준 도입을 논의 중이다.

도, 어떤 문화인가에 따라 꼭 비극이 아닐 수 있어요.

● **송병기** 그런 서사를 연습해볼 수 있는 삶의 공간이 있어야 하는 거잖아요. 경험을 해봐야 하는 거고요. 정말 중요한 이야기인 거 같아요. 의료진은 당사자의 경험을 별로 중요한 이야기가 아니라고 쉽게 축소하는 경향이 있으니까요.

◆ **조기현** 질병이 요양원 아니면 병원 같은 시설에 처박혀 있잖아요. 제가 목격한 질병과 죽음의 풍경은 그랬어요. 딱 두 가지 생각밖에 할 수 없어요. "절대 아프지 말아야지." "혹시 아프면 존엄사가 가능한 스위스에 가야지." 저만이 아니라 젊은 친구들이 많이 하는 말이에요. 요즘 기후위기 때문에 환경 문제를 이야기하면서 '정의로운 전환'이라는 표현을 많이 쓰더라고요. 질병과 죽음에 대한 논의나 관련 제도 정비에도 그 표현이 필요하다고 생각해요. 상병수당을 넘어서 돌봄친화적인 고용 환경을 만들 수 있느냐가 관건일 것 같아요. 삶의 세팅을 바꿔야 협력도 가능해요. 그런 측면에서 학교에서도 죽음 교육을 했으면 좋겠는데, 별도로 신설할 게 아니라 기존 민주시민 교육 안에서 충분히 커리큘럼을 짤 수 있지 않을까요.

■ **김호성** '죽음 교육'을 여러 전문가들이 고민하고 있습니다. 정규 교육과정에 들어가면 한국 정서상 아직은 부담스럽고 보호자 민원이 있을 수 있다는 우려를 합니다. 고3 수능이 끝나고 졸업까지 시간이 있을 때, 성인이 되어 본격적인 사회생활을 하기 전에 관련 전문가들이 학생

들을 대상으로 강의 및 이야기를 나누는 시간을 가지는 것도 한 가지 방안이죠. 그런 시간에 죽음뿐 아니라 돌봄, 연약함에 대한 이야기를 하는 거죠. 사회를 실질적으로 바꾸기 위해서는 시스템의 변화가 필요하잖아요. 시스템이 바뀌려면 사람이 바뀌어야 하고, 사람이 바뀌기 위해서는 그 사회의 문화가 바뀌어야 되고, 그 문화가 바뀌기 위해서는 교육의 역할이 정말 중요합니다.

의학은 돌봄을 가르치지 않았다

김호성 ■
송병기 ●
박중철 ▲
정선형 ◆
지승규 ⬟

2020년 9월 13일(일)

서울 서대문구 연남동 세미나실

대학병원 의사가 암 환자에게 가장 많이 하는 말 중 하나는 "퇴원하세요"였다. 말기 돌봄이나 통증 조절이 필요한 환자라 해도 어쩔 수 없었다. 환자는 많고 병실은 부족했다. 환자가 일단 '집에 가셔야' 다른 급성기 환자를 받을 수 있었다. 호흡기내과 전문의로 전남대병원에서 폐암 환자를 주로 만났던 의사 지승규 씨(전남제일요양병원 대표원장)는 퇴원 '당하는' 환자들이 자꾸만 눈에 밟혔다. 지씨는 2015년 대학병원을 나와 요양병원을 개원했다. 때마침 건강보험에서 호스피스 수가가 생겼고, 2021년 현재 요양병원 호스피스 시범사업에도 참여 중이다.

지씨처럼 '사람을 살리는 것만큼이나 사람이 죽는 과정이 중요하다'고 생각하는 의료인들이 모였다. 김호성, 박중철(인천성모병원 가정의학과 임상조교수), 송병기, 정선형(보바스기념병원 완화의료센터 팀장), 지승규 씨에게 의학과 돌봄을 멀어지게 만드는 법과 제도는 무엇인지, 현장에서 돌봄과 관련해 부딪히는 문제들은 무엇인지 들어봤다. '생명'만을 중요하게 가르치는 의학 교과서 밖에서 이들이 몸으로 체득한 '죽음'은 곧 '돌봄'이기도 했다. 정선형 씨는 장례를 졸업장에 비유했다. 학교를 졸업할 때마다 졸업장을 받듯, 한 생애를 잘 정리해 졸업장을 드리는 일이 자신의 역할이라고 생각한다. 그리고 박중철 씨는 한발 더 나아간다. "우리가 좀 더 도발적인 질문을 하면 좋겠어요. 그렇게 생명이 중요한가, 그렇게까지 살아야 하는가, 죽음이 꼭 나쁜가."

◆ 지승규 저는 내과 전문의고, 대학병원 호흡기내과에 있으면서 폐암 환자를 많이 봤습니다. 폐암이 사망률 1위입니다. 돌아가시는 분들 보면서 생각이 많아졌죠. 마침 제가 몸담고 있던 전남대병원이 2011년 요양병원을 열었어요. 호흡기내과 전임의를 마치고 요양병원 진료부장으로 가게 됐습니다. 당시만 해도 요양병원이 지금처럼 많지 않던 시절이었어요. 암 환자들은 방사선 치료 단계에 들어가면 병원에서 쫓겨나기 바빴거든요. 겉으로는 증상이 없으니까요. 담당 의사가 만날 하는 말이 (다른 환자 받아야 하니까) "퇴원하세요"인 거예요. 일단 집에 갔다가 아프면 응급실로 오라고 안내하는 거죠. 이런 상황에서 대학병원 옆에 요양병원이 생기니까 암 환자들에게 '갈 곳'이 생긴 거예요. 병상 수가 192개인데, 재활병동 1개를 제외하고 암 환자로 채워졌어요. 저도 자연스럽게 말기 환자를 담당하게 됐고요. 2015년에 개원하면서 현재는 요양병원 호스피스 시범사업에 참여하고 있습니다.

◆ 정선형 저는 호스피스 전문 간호사입니다. 다들 그렇지만 특히 코로나19로 인해 혹독한 시간을 보내고 있어요. 일반인이 겪는 어려움과 호스피스 병동에서 환자가 겪는 어려움에는 극명한 차이가 있습니다. 존재의 마지막 상황에서 겪는 차단과 단절이니까요. 면회 차단에 동의하는 분들이 입원하시는데, 이게 머리로는 이해가 돼도 마음으로는 받아들이기 힘든 상황이죠. 저도 '이렇게 하는 게 맞나' 싶은데 당사자들은 오죽하시겠어요. 우리가 학교를 졸업할 때 졸업장을 받잖아요. 저는 호스피스가 한

사람의 생애를 잘 정리해 졸업장을 드리는 일이라고 생각해요. 돌아가시는 모습을 볼 때 안타깝긴 하지만 그것이 안녕이기 때문에 안타까운 거거든요. 목숨을 못 살려서가 아니라. 어떤 때는 굉장히 위안도 돼요. '이 힘든 과정을 끝내셨구나' 생각하는 거죠.

■ 김호성 저 역시 호스피스 현장에서 일을 하다 보니 한국 말기 돌봄이 어떤 방향으로 가야 하는지 고민이 있습니다. 말기 암 환자를 대상으로 하는 입원형 호스피스는 제가 현장에서 경험하고 있지만 치매나 노쇠, 심장·신장병 환자, 폐·간 질환 환자들은 말기 돌봄 기간에 입원형 호스피스 서비스를 받지 못합니다. 사실상 호스피스 서비스가 암 환자들에게 혜택을 준다고도 할 수 있겠죠. 연명의료결정법 시행 이후 말기 돌봄 현장은 어떤가요? 2020년까지 작성된 연명의료계획서 현황을 살펴보니 환자 스스로 작성하는 비율은 3분의 1밖에 되지 않았습니다. 3분의 2가 타인(가족)에 의해 작성되었다는 거죠. 이 법을 만든 목적이 환자의 자기결정권 보장인 것을 감안하면 원래 의도와는 다르게 흘러가고 있는 것처럼 보입니다.

● 지승규 법 시행 이전과 이후 현장이 크게 달라진 것은 없어요. 좀 넓게 보죠. 불과 2000년대 초반만 해도 암 환자들이 진단받고도 본인이 암인지 모르는 경우가 많았어요. '다른 병이다, 염증이다, 폐렴이다'로 속여서 항암치료를 하는 경우가 엄청 많았죠. 환자들이 자기가 암인 줄 알고 스스로 주도권을 갖고 치료받는 시대가 된 지는 얼

마 안 된 거예요. 요즘은 보통 자신이 걸린 병이 암인 줄도 알고 몇 기인지도 알죠. 그런데 예후를 몰라요. 4기여서 항암치료를 받더라도 여명이 얼마나 남았는지를 모르고 치료하는 경우가 많아요. 호스피스는 더더욱 그렇죠. 연명의료결정법이 시행됐다고 해서 단기간에 변화가 일어나는 게 아니라는 말씀을 먼저 드리고 싶어요. 법을 만들었고 방향도 잡았으니까 조바심 내지 않고 어떻게 이 문화를 확산할 것인가를 생각하면 좋겠어요. 저는 개인적으로 진로교육 때문에 학교에서 강의할 때가 있는데 호스피스나 연명의료결정법이 초·중·고교 교과과정에 선택으로라도 들어갔으면 좋겠어요. 죽음의 '당사자'가 아닐 때부터 생각해볼 기회를 만들어주는 거죠. 60~70대가 되어서, 건강상 문제가 닥쳤을 때 생각하고 결정하려면 너무 어려운 일이 되잖아요.

"거기 가면 호흡기 떼줍니까?"

◆ **정선형** 호스피스 현장에서는 연명의료결정법 시행에 있어 환자의 자기결정권보다 가족의 결정권이 우선시되는 분위기가 분명 있습니다. 제가 상담전화를 정말 많이 받았어요. 타 병원에서 인공호흡기를 달고 있는 환자의 가족들이 주로 전화를 주세요. 저희 병원에 오면 인공호흡기를 떼줄 수 있느냐고 묻는 거예요. 연명의료를 중단한다는 게 '인공호흡기를 뗀다'는 의미가 아닌데 오해가 정말 많은 것 같아요. 임종기를 판단하는 데는 여러 전제가 있는데 그 과정은 다 묻혀 있는 상황이랄까요. 현장

에서 의사들이 가장 힘들어하는 게 임종기 판단서 쓰는 일이에요. 말기 파킨슨이나 치매 환자 가족들이 와서 써 달라고 하세요. 환자는 결정할 수 있는 능력이나 상황이 안 되는 상태고요. 물론 현재 80~90대 노인 세대에게는 죽음에 대한 이야기를 터놓고 할 수 있는 문화가 아니었다는 점도 감안해야 하겠지만요.

- **송병기** 연명의료결정법이 등장하게 된 계기로 1997년 '보라매 병원 사건'을 꼽을 수 있습니다. 그 후 2008년 '세브란스 병원 김 할머니 사건'*이 있었죠. 연명의료의 경계, 법적 책임, 윤리적 문제, 존엄한 죽음에 대한 질문, 환자 및 보호자와 의료진 간의 신뢰 등이 두 사건을 통해 사회적 의제가 되었습니다. 그렇게 20년 가까이 각종 위원회를 거치고 공청회가 열리는 등 여러 논의를 거쳐 법의 윤곽이 잡혀갑니다. 약칭으로 '연명의료결정법'으로 불리는데 정식 명칭을 아는 것이 중요합니다. 법이 가리키고 있는 방향과 전제를 파악할 수 있기 때문이죠. 정식 명칭은 「호스피스·완화의료 및 임종 과정에 있는 환자의 연명의료 결정에 관한 법률」입니다. 2015년 발의, 2016년 제정을 거쳐 2017년 호스피스에서 건강보험 혜택을 받을 수 있도록 한 후, 2018년 2월부터 시행되고

* 김 할머니는 2008년 2월 18일 폐암 여부를 확인하러 서울 세브란스 병원에 입원해 조직검사를 받다가 식물인간 상태에 빠졌다. 가족들은 무의미한 연명치료를 중단해달라고 병원 측에 요청했으나 병원 측은 거부했다. 대법원은 회복 불가능한 사망의 단계에 이른 후 환자가 인간으로서의 존엄과 가치 및 행복추구권에 기초하여 자기결정권을 행사하는 것으로 인정되는 경우에는 특별한 사정이 없는 한 연명치료의 중단이 허용될 수 있다고 판결했다.

있습니다. 이 법의 목적은 존엄사나 안락사, 혹은 개인의 실존적 결단으로 인한 죽음이 아닙니다. 이름 그대로 임종 과정에 있는 환자가 연명의료를 지속하기보다는 호스피스에 가서 완화의료를 받으면서 죽음을 맞이하게 하는 데 이 법의 목적이 있습니다. 약칭인 '연명의료결정법'으로만 부르다 보면 이런 목적이 잘 안 보이게 됩니다. 더 나아가, 이 법의 전제에 대한 얼개를 살펴볼 필요가 있습니다. 먼저 임종 과정에 있는 환자가 누구인지를 정의하는 일입니다. 여기서 임종 시기에 대한 정의가 필요하겠지요. 그리고 환자의 질병 범위도 정해야 할 것입니다. 또한 연명의료에 대한 정의도 필요합니다. 끝이 아닙니다. 연명의료에 대한 결정이 구체적으로 무엇인지, 즉 이미 하고 있는 연명의료행위에 대한 중단을 결정한다는 말인지, 혹은 향후 예상되는 연명의료행위를 유보하는 결정을 한다는 말인지를 알아야 합니다. 얼핏 보기에는 비슷해 보이는 결정 같지만 의료 현장에서는 굉장히 차이가 있습니다. 이 법의 정식 명칭, 목적, 전제에 대한 얼개를 이렇게 간략하게만 살펴봐도 평범한 시민들이 이 법을 이해하기란 쉽지 않을 것이라 예상할 수 있습니다. 저는 의료진들도 이 법을 온전히 이해하고 있는지 의문을 가지고 있습니다. 법의 선언적 메시지, 즉 총론에서는 많은 이들이 공감하다가도 각론으로 들어가면 의아해하거나 혼란스러워하거나 다툼의 여지가 많다고 느끼기도 합니다.

■ **김호성** 그러한 비판을 반영한 법 개정이 있었습니다. 법 제정

시에는 질병에 따른 예후의 예측성으로 구분했습니다. 의학적으로 임종 예측이 비교적 용이하다고 생각되는 질병이 있죠. 예를 들면 암, 폐·간·심장·신장 질환입니다. 이런 질병들에는 '말기' 개념이 적용돼요. 수개월 이내 임종할 가능성이 높다고 의학적으로 판단할 수 있는 경우죠. 하지만 다른 질환들은 의학적인 예후 예측이 상대적으로 어렵습니다. 이런 경우는 '임종기'라는 기간에 법이 적용되게 만들어놓았습니다. 하지만 임상에서 특정 질병에만 말기가 있는 건 아니죠. 더불어 임종기 판단도 어려운 경우가 많습니다. 애초 연명의료결정법 자체가 현장에 있는 의료진의 의견이 충분히 반영되지 않은 법이었습니다. 그래서 개정하면서 말기 개념이 적용되는 특정 질병군을 삭제하고, 질병과 관계없이 '말기 및 임종기'로 대상군을 확대했습니다. 그리고 이 법은 송병기 선생님께서 말씀하셨던 것처럼 호스피스를 염두에 둔 법이에요. 법을 제정해서 호스피스를 더 확대하려는 목적이 있었어요. 하지만 연명의료 결정과 같이 묶이면서 되레 복잡해졌습니다. 호스피스 결정 과정도 이 틀 안에 들어오면서 이전보다 절차가 늘어났고요. 환자 및 보호자와 의사소통해야 할 시간을 문서 작업을 하느라 보내곤 합니다.

- **송병기** 연명의료결정법을 좀 더 구체적으로 살펴볼게요. 이 법은 연명의료를 '임종 과정에 있는 환자에게 하는 심폐소생술, 혈액 투석, 항암제 투여, 인공호흡기 착용 및 그 밖에 대통령령으로 정하는 의학적 시술로서 치료 효과

없이 임종 과정의 기간만을 연장하는 것을 말한다'라고 정의합니다. 또 이 법은 임종 과정에 있는 환자 그리고 특정 질병으로 인한 말기 환자를 구분하여 정의합니다. 여기까지만 살펴봐도 의문을 제기할 수 있습니다. '치료 효과 없이 임종 과정의 기간만을 연장하는' 의료행위는 법이 정의한 것(심폐소생술 등)밖에 없을까요? 이렇게도 생각해볼 수 있습니다. 법이 의사들의 치료 의지와 범위를 제약하는 것은 아닐까요? 한편으로는 '임종 과정에 있는 환자와 말기 환자를 왜 구분한 것일까'라는 질문도 할 수 있습니다. 임종기와 말기를 의료진이 명료하게 구분하고 예측할 수 있나요? 프랑스·네덜란드·벨기에·독일·호주·미국·타이완의 연명의료 결정에 관한 법을 살펴봐도 말기라는 용어를 사용하지 말기와 임종기를 구분하지 않습니다. 국제적으로 봐도 한국 법이 상당히 보수적입니다. 또 이 법이 주요 대상으로 삼고 있는 환자는 왜 암 환자들일까요? 호스피스 때문이라면 호스피스는 암 환자만을 대상으로 하는 의료시설일까요? 요양원 및 요양병원에 있는 만성질환을 겪고 있는 노인 환자, 특히 인공호흡기나 인공영양수분공급에 의지해 와상 상태로 있는 환자들에게 이 법은 어떤 의미일까요?

목숨을 '다수결'로 정하게 만든 법

▲ **박중철** 생명과 관련해서 정부가 의사와 의료계를 믿지 못한다는 점을 먼저 짚어야 할 것 같습니다. 이게 역설적인 이야기인데요, 건강보험제도 시작이 그랬어요. 의료행위

자체에 윤리적인 평가가 늘 따라다닐 수밖에 없는 구조입니다. 보험제도 이용 시 도덕적 해이에 대한 이야기를 하잖아요. 의료보호, 의료급여가 나눠지면서 불필요하게 의료 자원을 소모하는 것에 대한 감시도 늘 있어왔고요. 국가가 의료행위를 보는 기본적인 시선이 감시와 도덕적 관리인 셈이죠. 의료시스템이나 제도를 새로 도입하든 서비스를 확대하든 국가가 평가하고 관리하고 거기에 적절한 수가를 허용하는 방식입니다. 연명의료결정법도 하나의 의료행위로 행해지다 보니 수가가 적용돼야 하고, 수가가 적용되니 감시가 있어야 하고 서류로 입증이 돼야 하는 거죠. 연명의료 중단이 윤리적으로 문제 없는지를 증명하는 과정에서 생기는 수많은 서류작업과 행정 절차들이 오히려 의료진과 병원 관계자들에게 부담을 주어 '그냥 하지 말자'는 식으로 일이 흘러가게 만들어요. 환자가 연명의료를 중단해달라고 할 때 임종 과정에 들어갔다는 것을 판단하기가 힘들거든요. 그래서 의사 혼자 판단하지 말고 윤리위원회*를 만들어서 판단하라고 하는 거죠. 가장 쉬운 방법이거든요. 연명의료 중단을 다수결로 결정하면 그건 윤리적인 것이라고 길을 열어놓은 것이죠.

◆ **정선형** 연명의료결정법이 시행된 후 누구나 자신의 연명의료에 관한 의사를 문서로 작성해둘 수 있습니다. 19세 이

* 연명의료 중단 결정 및 그 이행에 관한 업무를 수행하려는 의료기관은 윤리위원회를 설치 및 등록해야 한다. 윤리위원회는 해당 의료기관 내에서 필요한 심의·상담·교육·통계 분석·평가 등의 업무를 수행함으로써 기관 내 연명의료를 관리한다.

상의 성인은 등록기관에서 사전연명의료의향서를 작성할 수 있고, 말기 또는 임종 과정에 있는 환자의 경우 의료기관에서 연명의료계획서를 작성할 수 있습니다. 이렇게 작성된 서류를 근거로 향후 임종 과정에 있는 환자가 되었을 때 연명의료를 유보 또는 중단할 수 있고요. 그러나 이를 이행하기 위해서는 이행 기관(병원)에 윤리위원회가 설치되어 있어야 합니다. 예를 들어 급성기 대학병원에서 연명의료계획서를 작성하고 의료기관윤리위원회 미설치 기관인 소규모 병원 혹은 요양병원 등으로 전원을 할 경우 이미 작성된 계획서가 있음에도 불구하고 이행할 수가 없습니다. 의료기관 윤리위원회 설치는 비용이 들고 전문 인력이 필요합니다. 그렇다 보니 소규모 병원은 설치 및 운영에 어려움이 있죠. 윤리위원회가 설치되어 있는 대학병원의 윤리위원회를 공용윤리위원회로 협약을 맺어 이용할 수 있도록 하고 있습니다만 그것 또한 여의치 않습니다.

◆ **지승규** 현재는 윤리위원회가 대학병원이나 대형 병원에만 있습니다. 권역별로 공용윤리위원회가 만들어지면 훨씬 더 많은 병원이 참여할 수 있을 텐데 아쉽습니다.

◆ **정선형** 이번에 공용윤리위원회 활성화를 위해서 200만 원 지원한다고 공문이 왔더라고요(웃음).

◆ **지승규** 윤리위원회는 종교계·법조계 등 다학제로 구성해야 합니다. 일반 요양병원에서는 구성하기가 어렵죠. 그래서 권역별로 공용윤리위원회를 만들어서 의료윤리위원회가 없는 곳에서는 공용윤리위원회를 사용하게끔 하

고, 그 비용을 국가에서 200~300만 원 지원해주는 거예요. 문제는 공용윤리위원회 자체가 숫자가 적거나 없다는 거죠. 전남·광주 권역에는 대학병원에도 공용윤리위원회가 없는 상황입니다. 그래서 요양병원이나 일반 중소병원도 할 수 있도록 확대하면 활성화가 되지 않을까 생각합니다.

▲ 박중철 윤리위원회는 연명의료결정법을 시행하는 모든 병원이 반드시 가지고 있긴 해야 하는데, 규모가 작은 병원에서 상시적으로 운영하기 위해 급여 등을 지출하면서 유지하기가 거의 불가능하죠. 전문성 있는 사람을 모으는 것도 보통 일이 아니잖아요. 그래서 공용윤리위원회 얘기가 나온 거거든요. 법원 가서 재판하듯 위원회로 가져가요. 예를 들어봅시다. 의료인 두 명이 서로 크로스체크하면서 환자가 임종 과정이라고 판단해요. 나중에 법적 문제가 되었을 때 기록을 따져보니 임종 과정이 아닐 수 있다는 반론이 제기됐다고 해봅시다. 의료인의 판단을 국가와 법원이 신뢰해줄 것인가에 대한 지침이 없어요. 의학계에서 임종 과정에 대한 지침을 만들긴 했지만, 자세히 보면 이 과정은 임종을 과학적·객관적으로 규정할 수 없기 때문에 의료인 각각의 주관적이고 임상적인 판단에 맡겨야 한다는 단서가 붙거든요. 의료에 대한 국가의 기본적인 자세가 감시·규제·처벌이 아닌 신뢰·협조·상호적 관계였다면 매끈하게 넘어갈 수 있었을지도 모르죠. 국가에서도 여러 지침을 계속 만들다 보니까 제도가 산으로 가고, 그 혼란 가운데 있는 게 연명

의료결정법이라고 저는 생각합니다.

● 송병기 가령 담당 의사가 윤리적인 고민이 있을 때, 연명의료 결정을 해야 하는 순간에 위원회에 의뢰를 하면 윤리위원회에서 의견을 모아서 권고를 하는 건가요? 아니면 구속력을 갖고 있는 건가요?

◆ 정선형 권고를 하고 그걸 참고해서 의료진이 결정하는 거죠.

■ 김호성 제가 현실에서 더 절박하게 느끼는 건 환자와 의사의 관계입니다. 호스피스에 오는 환자 여명은 평균 2~3주이지만, 보호자들은 예후를 수개월 정도 예상하고 오세요. 연명의료계획서를 3차 병원에서 쓰고 오셔도 예후에 대한 설명을 듣지 못한 경우가 많아서 저희가 처음부터 다시 얘기하는 상황이 항상 생깁니다. 환자나 보호자들은 병원에서 문서를 작성해야 한다니 충분한 설명을 듣지 못하고 적는 데 급급하게 되니까요.

◆ 정선형 저희 병원은 정말 생의 끝자락에 오시는 경우가 많아요. 그래서 의식이 없거나 의사결정 능력이 없는 환자들이 많습니다. 그렇다 보니 보호자들이 '가족 진술'이라고 해서 환자 의사를 추정해서 대신 쓰기도 하고, 환자가 의사를 진술할 수 없을 경우 가족 전원 합의를 통해서 작성하기도 합니다. 보호자 입장에서는 '불효를 저지른다'는 생각이 들 수 있어요. 제가 그때마다 꼭 하는 말이 있어요. 이 계획서를 작성했다고 해서 환자를 포기했다거나 아무것도 안 하는 게 아니라고 말씀드립니다. 환자가 더 편안하게 생의 마지막을 보낼 수 있도록 치료의 방향을 '완화'로 바꾼 것이니 죄책감 갖지 말라고요.

이 한마디가 정말 크게 작용하더라고요. 의사 선생님들이 외래 보시면서 이런 이야기를 다 못 하시거든요. 연명의료결정법의 취지대로 자기결정권이 존중될 수 있도록 의사결정 능력이 있을 때 논의가 되고 작성이 되면 좋겠다는 바람입니다.

▲ 박중철 예후에 대해, 죽음에 대해 이야기할 때 환자가 어떻게 받아들일지 의사들도 지레 겁을 먹어요. 미리 긴장하고 주저하죠. 그래서 에둘러 이야기하다 보면 정확히 전달하기 어렵죠. 병원에서는 늘상 사람들이 죽어 나가는데도 그래요. 이걸 다 '서식'으로 해결해요. 빨리 사인 받고 그걸 근거로 일해요. 이야기하는 건 오로지 목숨을 살리지 못한 것에 대해 책임 소재를 따질 때뿐이에요.

◆ 지승규 저도 빙빙 돌리다 접근 못 하는 경우가 있는데, 자책이 들었다가 또 새삼 다른 사람도 죽음에 대해 쉽게 이야기하지는 못하는구나 싶어서 위안을 얻네요(웃음).

● 송병기 의료는 기술의 문제로 환원될 수 없고, 환자·보호자·의료진 사이에 상당히 복잡한 커뮤니케이션이 필요한 일입니다. 관계를 바탕으로 진단도 하고 입원도 하고 수술도 하고 약도 먹는다는 의미입니다. 더욱이 생애 말기, 죽음에 대한 논의를 할 때는 이 관계성의 밀도도 높아지고 그에 상응하는 충분한 시간도 확보되어야 합니다. 하지만 오늘날 의료 현장의 모습은 어떤가요. 암 진단을 받고 치료를 할 때 지방이나 수도권에 거주하는 사람도 일단 서울의 소위 빅5 병원에 먼저 옵니다. '순례를 한다'는 표현이 있지요. 상급 종합병원은 일종의 대형 공

장처럼 돌아갑니다. 굉장히 많은 환자, 중증 환자를 빨리 순환시켜야 합니다. 3분 진료 이야기가 괜히 나오는 게 아니죠. 일각에서는 한국의 의료 전달체계가 제대로 작동하고 있지 않다고 비판하기도 합니다. 또 낮은 수가가 문제라고도 하고요. 이런 상황에서 환자·보호자·의료진이 두터운 라포(rapport)*를 형성할 수 있는지 회의적입니다. 특히 대형 병원에서 죽음을 빈번하게 목격하는 의사들이 '한국 사회는 죽음을 터부시한다' '유물론적 유교 문화 때문이다'라고 하는 말을 어렵지 않게 합니다. 거기에 대해서는 인류학적 반론과 비판이 필요합니다. 제가 프랑스와 모로코에서도 현장연구를 해봤는데 그 사회의 구성원들도 죽음에 대해서 쉽게 말하지 못합니다. 어느 사회든 생명은 소중해요. 유교만이 아니라 기독교, 이슬람교도 마찬가지입니다. 한국 사회가 유교 문화 때문에 죽음을 터부시하는 것이 아니라 환자·보호자·의료진 간의 라포 형성, 다시 말해 굳건한 신뢰관계가 있는지에 대한 질문을 해야 한다고 봅니다. 친구끼리도 중요한 이야기를 할 때 뜸을 들이는데, 죽음에 대해 말하면서 3분 동안 의료적 수치를 보고 건조하게 이야기를 한다면 당사자는 불안할 수밖에 없습니다. 환자나 보호자 입장에서는 정보를 더 찾아봐야 할 필요가 생기고, 그 결과 이 병원 저 병원 돌아다니게 되고요. 이런 의료 현장의 현실이 죽음을 '서류화'하고 있다고 생

* 의사소통에서 상대방과 형성되는 친밀감 또는 신뢰관계.

각됩니다. 연명의료결정법은 이를 대표할 뿐이죠. 죽음을 서류화했다는 건 어떻게 보면 우리 사회가 찾은 합의점이 아닐까 싶기도 하거든요. 의료 소송에 걸리지 않도록 하면서, 의료적 판단도 하면서 환자와 보호자 사이에서 절충안을 찾은 거죠. '보라매병원 사건'이 또 생기면 안 되니까요. 그래서 연명의료결정법의 시발점이라고 할 수 있는 보라매병원 사건의 이면을 봐야 합니다. 먼저 의사의 권유에도 치료를 할 수 없었던 환자와 보호자의 빈곤 문제를 간과할 수 없죠. 의료 현장의 맥락을 꼼꼼하게 살피지 않고 이 일을 중대한 범죄, 의료 스캔들, 법적 문제로 만들어버린 검사의 기소를 비판적으로 생각하지 않을 수 없습니다. '살인방조죄'라는 트라우마를 겪은 의료계는 이후 방어적인 진료를 하게 됩니다. 무엇보다 이 사건은 우리 사회가 생의 끝자락에 대해 상상력을 발휘할 수 있는 여지를 빼앗았습니다. 많은 사람들의 머릿속에 죽음이 '병원에서 의사가 환자를 위해 최선을 다했지만 어쩔 수 없는 경우에나 일어나야 하는 일'로 강하게 각인되었죠.

3분 진료의 이유

▲ **박중철** 3분 진료가 문제라고 쉽게 말하지만 환자 대부분은 '빨리빨리' 3분 진료에 만족합니다. 의료를 의사가 이끄는 것처럼 보이지만 의료는 소비자가 이끌어요. 국가에서 의료선택권을 제한하지 않기 때문에 환자는 본인이 원하는 곳에 가거든요. 긴 대기시간과 짧은 진료시간에도

불구하고 3차 대학병원이나 상급 병원을 굳이 찾아가요. KTX를 타고 하루를 허비하더라도요. 그 과정은 한국 사회가 산업화 과정에서 규모주의로 넘어가는 과정이기도 해요. 의료서비스도 삼성과 현대가 들어오면서 기업화·호텔화되고, 지금은 모든 병원에서 수가를 담당하는 보험심사팀을 별도로 운영해요. 모든 게 기계적으로 관리·처리가 돼요. 국가에서도 제한을 걸거나 방향성을 제시하지 못했어요. 그대로 흘러간 거죠. 그러다 보니까 서울의 거의 모든 병원이 1000병상 넘는 대형병원이 돼 있는 거고 그 안에서 2차 병원, 지역 병원은 제 역할을 못 하고요. 환자들은 지역 병원을 신뢰하지 않아요. 대형 병원에 있는 의사들이 경력이 짧아도 지역에 있는 20년 된 의사보다 더 신뢰해요. 왜냐면 대형 병원에는 시스템과 장비가 갖춰져 있으니까요. 3분 진료를 '살기 위해서' 감당해야 한다고 생각하게 됐어요. 생존하고 성공하는 것 그게 한국 사회의 에토스, 소위 말해 사회적인 목적이 되었어요. 문제는 의과학이 발전하고 연명의료 장치가 생기면서 벌어지죠. 존엄성이 훼손되는 단계의 의료적 상황에 대해 우리 사회가 어떤 입장을 갖고 있는지, 어떤 자세가 필요한지를 상상하거나 돌아보지 못했어요. 그게 지금의 상황이죠.

■ **김호성** 부연하자면, 3분 진료로 대표되는 현 의료시스템을 좋아한다는 건 의료권력과 국가권력의 '건강' 관리와 통제 정책에 대한 시민들의 적응이 나름대로 이루어져 있다는 의미이기도 합니다. 3분 진료에 불만을 갖지만 그러

면서도 지역 병원에는 가지 않아요. 이율배반적이지만 시민들의 욕망도 투영돼 있는 겁니다. 사회 전반 인식의 문제인 거죠.

● **지승규** 현실이 어떻게 돌아가나 보죠. 제가 지역에 있잖아요. 보호자를 불러서 '의료진이 최선을 다하겠지만 안 좋아질 수 있다'고 고지하고, 의료진들도 조바심을 내면서 할 수 있는 일을 합니다. 그 과정을 보호자에게 이야기해주면 대부분 서울의 큰 병원으로 가겠다고 합니다. '가도 소용 없을 텐데' 하고 속으로만 생각해요. 여러 번 경험했지만 환자와 보호자가 직접 고생해봐야 알거든요. 두세 번 반복되면 그제야 '그냥 여기서 치료받을게요' 하고 받아들입니다. 설득이 통하지 않는 현실이 있어요.

▲ **박중철** 연명의료결정법이 나오게 된 배경 중 하나가 생애 말기 의료비가 굉장히 크다는 거였어요.* 생애 마지막 3개월에 투여되는 의료비, 특히 중환자실 비용이 엄청나거든요. 일단 환자가 병원에 오면 연명치료를 하지 말라고 해도 안 할 수가 없어요. 병원이 그런 곳이니까요. 커뮤니티케어는 그 비용을 줄이고 재택 임종을 유도하겠다는 정책이죠. 병원에 임종실이 마련돼 있지 않은 경우 임종기에 들어선 환자를 1인실로 옮기는데, 이때 1인

* 노인 의료비 지출은 지속적으로 증가해 2018년 기준 전체 의료비 지출 규모의 40.9%(31조 7514억 원)를 차지한다. 보건복지부가 2013~2017년 발생한 자살 사망자를 전수조사한 결과 65세 이상 노인은 신체건강 문제가 가장 큰 자살 이유였다. 신체건강을 이유로 한 노인 자살은 모든 지역에서 40% 이상 수치를 보였다.

실 비용을 국가가 부담해줍니다. 단, 나흘간에 한해서요. 나흘을 넘기게 되면 그 이후로는 1인실 비용(하루 약 30~40만 원)을 보호자가 부담해야 해요. 2019년에 임종실을 의무화하자는 논의도 있었어요. 안타까운 건 이런 죽음에 대한 논의들이 사회적 공감대로 출발하지 못하고 비용 문제에서 시작된다는 겁니다. 보건복지부도 시인하는데, 건강보험 재정에 부담되니까 국가가 나서서 이끄는 거죠.

● **송병기** 환자가 대학병원에서 호스피스로 가는 과정과 경험이 굉장히 중요하다고 생각합니다. 대학병원에서 치료를 받다가 호스피스로 갈 때 환자·보호자·의료진 간에 어떤 커뮤니케이션이 이루어지는지 궁금합니다. 대학병원에서 말기 고지를 할 때, 호스피스 이야기를 꺼낼 때 의료진들의 태도나 분위기도 알고 싶고요.

▲ **박중철** 대학병원에서는 자문형 호스피스를 운영해요. 그 역할이 굉장히 큽니다. '용기 있는' 의사들은 말기 고지도 직접 하고 환자와 상담도 하지만, 의사들 대부분이 어려워합니다. 치료를 계속 담당했던 사람이 갑자기 멈춰서 방향을 바꾸는 게 쉽지만은 않습니다. 제 경험도 그렇고요. 젊은 환자에게 말기 고지를 해야 할 경우 더더욱 그렇죠. 그래서 대개 자문형 호스피스에 의뢰해요. 간호사 선생님이 환자를 여러 차례 찾아가서 상태를 확인하고, 보호자 면담도 진행하면서 호스피스 병동으로 옮기는 걸 제안해요. 환자가 수용하면 의사가 와서 사인을 받습니다. 근본적인 대책은 아니에요. 환자 대부분이 호스피

스에 와서 분노하고 힘들어하는 게 '내가 진단받고 수술이나 항암 과정을 계속 함께했던 의사가 왜 나의 마지막을 함께해주지 않는가'입니다. 그런 경우는 호스피스나 요양병원으로 연결돼도 환자 마음에 상처가 있어서 과정이 전반적으로 어려워요. 그게 우리 현실이죠. 간혹 호스피스에 올 때 연명의료계획서를 쓰지 않고 오는 경우가 있는데, 그걸 쓸 때는 늘 힘들어요. 저는 환자가 그동안 어떤 치료과정을 지나왔고 어떤 좌절과 희망을 겪었는지 몰라요. 당일에 처음 만난 거니까요.

◆ **정선형** 호스피스로 치료 방향이 바뀌어도 이전 의료진이 외래로 부르기도 해요. 선생님이 다시 오라고 했다면서 불필요한 약을 두 달치씩 막 받아와요. 제가 답답해서 교수님한테 가서 여쭤보니까, 이게 또 환자와 의료진의 관계더라고요. 내가 지금까지 봤던 환자인데 더 이상 할 수 있는 게 없다는 걸 의료진도 받아들이기 어려워하는 경우가 있어요.

▲ **박중철** 의대생 대부분이 마치 육군사관학교나 특전사들이 훈련 받는 것처럼 훈련을 받아요. 생명에 대한 지고지순한 지상주의라고도 할 수 있겠네요. 그게 신념이 돼요. 배운 걸 마음껏 펼쳐 보이려 현장에 가죠. 그런데 소위 '바이탈(vital) 잡는다'는 중요한 과에서는 실패와 성공이 반반이에요. 성공하더라도 절반의 성공이 많아요. 환자 목숨은 살려도 의식이 깨어나지 않거나, 후유증이 남는다든가. 그럴 때마다 자존감 위축을 겪으면서 생명에 더 집착하게 되는 경우가 많아요. '의료적 집착'이라고도

얘기하는데요. 의사가 삶과 죽음을 아우르는 신과 같은 존재가 아니잖아요. 의사도 사람이라 취약하고 흔들리거든요. 거기다 죽음과 삶을 바로 앞에서 목도하기 때문에 환자의 상황이 자기에 대한 불안으로 전이돼요. 죽음을 터놓고 이야기하려니 그게 의사라는 정체성에 대한 배신이기도 한 거예요.

● **송병기** 앞서도 언급했지만 연명의료결정법의 목적과 전제가 호스피스와 긴밀하게 연결되어 있습니다. 존엄사나 안락사를 위한 법이 아니에요. 문제는 대형 병원에서 환자를 호스피스로 전원시키는 것에 대해서 교수들이 얼마나 수긍하고 있는지, 또 완화의료의 가치에 대해서 깊게 생각하고 있는지 저는 솔직히 의문이 있습니다. 의료진 내부에서 호스피스·완화의료에 대한 합의나 논의가 잘 구축되어 있을까, 혹은 말기 고지를 의료의 실패로 인식하는 건 아닐까 하는 의문입니다.

◆ **지승규** 배울 때는 환자에게 암 진단을 할 때부터 호스피스 안내도 해야 한다고 배워요. 대학병원에는 호스피스가 있으니까 최소한 항암치료 시작할 때 호스피스를 접하게 할 수는 없을까 생각하죠.

■ **김호성** 환자가 먹지 못하면 의학적으로 인공영양을 고려해요. 콧줄로 유동식을 제공하거나 혈관으로 영양제를 공급하죠. 그리고 호스피스에는 '완화적 진정'이라고 하는 게 있어요. 말기 환자가 조절되지 않는 통증이나 호흡곤란 등 증상이 있을 때 진정제를 써서 환자를 임종 시까지 편안하게 주무실 수 있도록 돕는 겁니다. 인공영양

과 완화적 진정은 호스피스 현장에서 환자 및 보호자들과 상담할 때 중요한 이슈예요. 임종이 가까운 환자에게 수액을 건강한 환자 기준으로 주면 부종, 복수, 가래 같은 부작용이 많이 생긴다고 알려주죠. 인공영양을 실시할지 말지 결정할 때는 의학적 근거도 중요하지만 환자와 보호자들이 어떤 상황에 있는지가 중요해요. 상황을 이해하는 환자와 보호자도 있지만, 수긍하지 못하고 임종 때까지 인공영양을 원하는 환자와 보호자도 있거든요. 환자가 먹지 못할 때 침상 옆에 걸려 있는 하얀색 영양제를 많은 보호자들이 죄책감을 대체하는 보약 같은 것으로 생각해요. 또 환자의 증상이 기존 약물로 조절이 어려울 때 완화적 진정을 거부하는 경우가 있어요. 환자의 평안을 위해 호스피스에 왔지만 호스피스 처치 방향이 환자나 보호자들의 마음에 들지 않는 거죠. 급성기 병원처럼 처치를 하되 동시에 환자를 편안하게 해주길 원하는데 이건 사실상 불가능합니다. 호스피스의 한계라고 할 수도 있겠죠. 결국 일반 병원으로 전원을 가면 중환자실에서 소천하는 경우가 대부분이에요. 상황이 이렇다 보니 다른 나라 호스피스와 비교하면 한국에서는 환자에게 훨씬 더 많은 수액과 영양제 처치가 이뤄지고 있는 게 사실입니다.

◆ **정선형** 영약 수액이 하얀색이어서 보호자들은 '하얀 우유'라고도 해요. 거기에 집착하시는 분들도 많아요. "맑은 거 안 돼요. 우유 주세요. 진해야 해요"라고 하시죠(웃음).

◆ **지승규** 이게 호스피스마다 차이가 있는데 저희는 TPN(Total Parenteral Nutrition, 완전비경구영양법)*을 비롯해서 환자나 보호자가 원하는 건 되도록 다 해요.

'아사'를 원합니다

▲ **박중철** 저는 제가 말기 상태에 이르면 아사하기를 원해요. 다년간 의료 현장에서 일해본 경험상 그게 가장 편한 것 같아요. 연명의료결정법이 뭡니까. 솔직하게 말하자면 병원에서 생긴 갈등이 번번이 법정으로 넘어오는 걸 막기 위해서 '현장에서 해결하라'는 취지에서 만들어진 법이잖아요. 그렇다 보니까 불필요하게 끼어든 조항이 있어요. 수분영양 공급, 산소 공급을 끝까지 하라는 거죠. 그게 인간에 대한 예우이고 존엄이라고 말해요. 이 법이 '안락사법'이 아니라는 의미죠. 그런데 의료 현장에 계시는 분들은 아시겠지만 그 과정이 겪지 않아도 될 고통을 연장시키는 경우도 있어요. 의료진이 판단해서 공급을 안 할 수도 있지만 이걸 보호자가 법적으로 따지면 의료소송이 될 수 있고요.

● **송병기** 수분영양 공급이라고 하니까 마치 배고픈 환자에게 식사를 주는 느낌이 듭니다만, TPN은 어디까지나 의료행위죠. 의료진의 철저한 진단, 분석, 처방, 계획, 환자 상태 추이 등을 면밀히 관찰하면서 시행합니다. 환자가 단순히 식사를 못 한다고 쓰는 영양제나 건강보조식품 같

* 환자가 입으로 음식을 섭취할 수 없는 경우 대정맥에 관을 삽입하여 영양물을 공급하는 방법. 당·아미노산·지방은 물론 각종 비타민·전해질·미량 원소 등 생명 유지에 필요한 영양 요구량을 이 방법으로 공급할 수 있다.

은 것이 아닙니다. 어떤 경우에는 환자에게 해를 끼칠 수도 있기 때문에 신중하게 결정할 의료행위라는 걸 완화의료 교과서에서도 강조하고 있습니다. 그런데 환자나 보호자는 TPN을 의료행위로 이해하기보다 일종의 밥 또는 물과 같은 하나의 '상징'으로 인식하는 경향이 있어요. 임종이 임박한 환자에게 의료적으로 도움은커녕 해가 될 수도 있는 TPN을 먼 길 떠나는 이에게 마지막 밥 한 끼 대접하는 의미로 인식하는 거죠. 저는 보호자들이 돌봄에 집중적으로 참여할 수 있는 시간과 자원이 의료 결정에 큰 영향을 미친다고 생각합니다. 호스피스의 TPN과 달리, 요양원이나 요양병원에서 광범위하게 시행되고 있는 비위관 삽입(L-Tube, Levin Tube insertion), 소위 '콧줄'을 반대하는 의료진·환자·보호자 간 갈등을 보면 비위관 삽입을 할 경우 환자의 사망 시기를 예측하기 어려워지고, 그 가늠하기 어려운 시간 동안 누가 어떻게 환자를 곁에서 돌볼 수 있는가 하는 현실적인 고민이 있습니다.

▲ **박중철** L튜브를 꽂고 있으면 관리도 어렵지만 갖가지 의료적 문제들이 자주 생기거든요. 대부분 와상 환자들이다 보니 욕창도 있고 대소변 관리도 번거롭죠. 가정에서 돌보기 어렵기 때문에 그걸 '떠맡는 게' 돌봄 위탁 피라미드 제일 아래에 있는 영세한 요양원이에요. 가보면 환자들 다 누워 있고 때로는 사지가 결박돼 있고 죄다 L튜브를 꽂고 있어요. 이불을 들추면 암모니아 냄새가 팍 풍겨요. 요양병원과 호스피스에선 비용도 비용이지만 보호

자의 돌봄 참여를 요구해요. 생계가 불안한 저소득 계층일수록 병원이 요구하는 돌봄을 할 수 없기 때문에 결국 영세한 요양원에 환자를 맡기게 되죠. 많은 경우 보호자가 연락을 피하거나 잠적해요. 살리거나 죽이거나를 요양원 관계자들이 판단할 수 없기 때문에 영양 공급은 계속되는 거죠. 보호자가 잠적해도 장기요양보험 등록이 되면 한 명당 정해진 수가를 받을 수 있으니 냉정하게 말하면 일종의 '죽음 산업'입니다. 이게 사람들이 악랄해서가 아니에요. 사회가 급속히 변하면서 대비하지 못한 일을 사실상 요양원이란 공간으로 우리 모두가 몰아 넣은 거죠.

• **송병기** 연명의료결정법에 따르면 '영양분 공급, 물 공급은 시행하지 아니하거나 중단되어서는 아니된다'고 명시하고 있어요. 얼핏 보면 당연하다고 생각할 수 있지만 이게 건강한 사람이 식당에서 밥 먹는 것과 같은 게 아니잖아요. 의료행위거든요. 무조건 유보하거나 중단하면 안 된다고 법에서 정할 문제가 아니죠. 안 한다고 의사가 환자를 굶겨 죽이는 것이 아니라는 말입니다. 더 심각한 문제는 말씀하신 대로 이 의료행위가 환자나 보호자의 경제적 배경, 사회적 관계에 따라 가변적으로 이루어지고 있다는 거죠. 강남의 한 요양원에서는 최대한 L튜브를 하지 않습니다. 환자도 보호자도, 시설 책임자도 환자가 장기간 와상 상태에 있으면 삶의 질이 매우 떨어진다는 점을 잘 알고 당사자 간 합의도 잘 되는 편입니다. 하지만 노인 1인 가구가 많은 지역 요양병원이나 경

제적·사회적 관계망이 약한 환자가 많은 동네의 요양원에서는 진지한 논의 없이 이런 의료행위가 시행되고 있습니다. 이런 현실에 대해 의료계 내부에서 진지한 논의가 지금보다 더 적극적으로 이루어져야 하고, 시민들과 정부와도 공유가 되어야 합니다.

큐어, 케어, 컴포트

▲ **박중철** 대학병원 두세 번 왔다 갔다 하고 시달리다 보면 사람이 꺾이는 과정이 와요. 얼마 남지 않은 소중한 시간을 지레 포기하는 거죠. 삶이라는 게 하나의 이야기고 시간이잖아요. 한 사람이 보내온 시간 속에는 시간을 같이 쌓아가는 '동반자'가 있어요. 그래서 한 사람의 죽음은 내 시간의 일부가 같이 소멸되는 일이기도 해요. '우리'의 이야기를 망가뜨리지 않기 위해서는 이별을 준비할 시간이 필요해요. 그런데 그동안은 목숨 살리는 거 하나만 이야기해왔기 때문에 이런 논의가 우리 사회에 전무했죠. 의료인들도 마찬가지죠. 마치 십자군전쟁 때 '신이 그것을 원하신다' 한마디에 무조건 뛰어갔던 것처럼 살리는 일에만 몰두해요. 좀 도발적인 질문이 필요한 때인 거 같아요. 그렇게 생명이 중요한가, 그렇게까지 살아야 하는가, 죽음이 꼭 나쁜가에 대한 이야기들이요.

● **송병기** 사실 우리는 의학을 큐어(cure)로만 이해하지만 의학 안에는 케어(care)도 있고, 환자를 편안하게 하는 컴포트(comfort)라는 가치도 있습니다.

■ **김호성** 임상 모습이 참 다양해요. 특히 '바이탈 잡는' 일을 해왔

던 내과 전공 선생님들은 다른 과보다 호스피스·완화의료 방식의 임상에 잘 적응을 못 하기도 합니다. 임상을 아무리 오래 해도 완화의료 경험이 없으면 곤란을 겪기도 하고요. 그래도 고무적인 건 고령화로 인해 호스피스·완화의료에 관심을 가지는 분들이 늘어난다는 거죠. 시간이 지나면서 개선되는 방향으로 갈 거라고는 생각합니다. 그보다도 말기 돌봄 현장에서 시급하게 느끼는 문제는 간병 문제예요. 호스피스 보조활동인력이라는 제도를 통해 국가가 간병 급여를 제공해주고 있지만, 보조인력을 채용하기에는 충분하지 못한 게 현실입니다. 실제로 이 제도를 활용하는 호스피스·완화의료 기관도 전체의 절반 정도밖에 되지 않고요.* 이런 상황에서 임종기가 예상보다 길어지면 곁을 지키던 보호자들이 생업 문제로 곤란을 겪는 경우도 많습니다.

◆ **지승규** 호스피스 간병제도가 만들어진 건 다행이지만 현장에서 적용이 쉽지만은 않습니다. 의사나 간호사 배치는 환자 수에 맞춰서 하는데, 호스피스 보조활동인력은 병상 수에 맞춰야 해요. 이를테면 병상 수가 10이라고 합시

* 일부 종교단체를 중심으로 1990년대부터 호스피스가 논의되긴 했지만, 제도로 도입된 역사는 그리 길지 않다. 호스피스·완화의료가 보편적 의료 형태로 들어온 건 2015년 7월이다. 건강보험 수가가 전면 적용되면서 비급여 항목 대부분이 사라졌다. 보호자가 말기 환자를 심리적으로 충분히 지원할 수 있도록 환자의 신체적 수발을 담당하는 '호스피스 보조활동인력'이라는 간병 서비스 역시 건강보험에 포함됐다. 그 덕분에 간병비를 포함해도 월 60~70만 원 정도로 서비스 이용이 가능해졌다. 다만 호스피스 보조활동인력은 도입 당시 일부 관련 기관 반대로 절반 정도 기관에서만 적용된다. 입원치료비는 낮아졌지만 병원에 따라 수백만 원에 이르는 간병비는 여전히 가족 부담으로 남아 있는 셈이다.

다. 환자가 5명이든 3명이든 병상 수에 맞는 보조인력을 갖춰야 해요. 국가가 지원하는 돈에는 이들을 관리하는 노무비 같은 건 전혀 반영이 안 돼 있죠. 제도가 있어도 쓸 수 없는 경우가 많아요. 하루 5000원 비용이면 공동간병을 받을 수 있다고는 하지만 '그림의 떡'인 거죠. 광주·전남 지역에는 그 제도를 쓰는 병원이 한 군데 있어요, 보훈병원. 세금으로 운영되는 병원이죠.

• 송병기 사설 기관을 통해 간병인을 쓰면 어느 정도 비용이 드나요?

• 지승규 4인 기준으로 하루에 1인당 4만 원씩, 16만 원 정도인 걸로 알고 있어요.

• 정선형 '말년은 간병사 복'이라는 말을 많이들 합니다. 복불복이라는 거죠. 임상에서 간병 문제가 참 심각해요. 한국에서 일하는 외국 국적(특히 중국) 간병인들은 실제 출신국에서 학력이 높은 경우가 종종 있어요. 그렇다 보니 의사의 지시를 이행하지 않기도 해요. 본인의 지식과 문화, 가치 속에서 이해하고 움직이는 경우가 있죠. 간혹 어떤 간병사는 자기가 판단해서 환자에게 약을 안 주기도 합니다. 보호자가 의료진과 의사소통하는 것보다 오랜 시간 함께 지내는 간병인을 믿고 의지하는 경우도 있고요. 특히 급성기 병원에 있다가 오시는 간병사들은 '출신'에 대한 자부심도 강합니다. '내가 서울대병원에 몇 년 있었던 간병사다'라는 거죠. 그 안에도 위계질서가 있어요. 이걸 컨트롤하자면 안 그래도 업무가 많고 바쁜 간호사 일이 돼요. 결국은 개입하지 않는 걸로 결

론이 납니다. 보호자가 고용하고 계약한 개인 간의 계약이고 병원은 책임지지 않는 구조예요.

● **송병기** 간병이 특히 사각지대라는 생각이 듭니다. 의사는 치료를 하는 사람, 간호사는 의사의 치료 지시를 수행하거나 환자-의료진 간 징검다리 역할을 하는 사람이죠. 그런데 환자의 일상은 치료행위만으로 이루어지지 않습니다. 화장실도 가고 밥도 먹고 옷도 입고 세수도 하고 산책도 하고 대화도 해야 하죠. 이런 일상적 돌봄이 굉장히 중요합니다. 이 돌봄을 보호자나 가족이 하지 않으면 간병인을 개인이 고용해서 해결해야 하는 게 현실입니다. 간병이 사적으로, 알아서, 시간 많은 사람이, 착한 사람이 하는 일이 아니라는 점을 공적 담론으로 확산할 필요가 있다는 생각이 듭니다. 간병 때문에 큰 어려움을 겪은 개인들은 간병이 얼마나 중요한 문제인지를 경험적으로 알고 있습니다. 하지만 이런 개인들의 이야기가 공적 담론이 되기에는 아직 많이 부족한 것 같습니다.

⬟ **지승규** 요양병원은 포괄수가제*라 어디를 가든 환자가 기본적으로 내는 돈은 똑같아요. 간병비를 추가 부담할 수 있는 사람이 고급 요양병원에 가는 거죠. 경제 수준에 따라 달라지는 거예요. 간병도 국가에서 보험 급여로 만들면 전국 어디를 가더라도 대부분 비슷한 서비스를 할 수 있게 돼요. 현재는 간병비 수가가 없어요. 병원에서 간병 서비스를 제공하면 불법인 거죠. 그렇다 보니 의료

* 환자에게 제공되는 의료서비스의 종류나 양에 상관없이 미리 책정된 진료비를 지급하는 방식으로, 일종의 '진료비 정찰제'다.

진이 간병에 관여할 수가 없고요. 관리나 통제가 안 되는 거죠.

▲ **박중철** 간호간병통합서비스가 시범 운영 중인데, 안 그래도 현재 간호사 일이 너무 많아요. 업무 스펙트럼이 지금도 너무 넓죠. 간호간병통합서비스가 본격 시행되면 이직률은 더 늘어날 겁니다. 기본적으로 의료제도 내에 간병이 없어요. 호스피스에서만 유일하게 보조활동인력이라고 건강보험 급여체계가 있는 거죠. 그마저도 문턱이 있고요. 저희 병원은 호스피스센터 안에 보조활동인력이 같이 있어요. 정기적인 교육도 하고 의사소통도 충분히 돼요. 그런데 그분들의 소속은 정확히 말하면 병원이 아니죠. 간병인 협회가 따로 있어요. 병원과 협회가 협약을 맺고 일하는 거죠. 간병 문제는 특별해요. 간병인이 없으면 그 역할을 누가 할 수 있나요. 환자 옆에 하루 종일, 혹은 12시간 이상 매여 있는 사람이 자기 삶에서 유의미한 시간을 갖는 건 어려워요. 가족이 간병하든 외주를 주든 결국 환자를 통해 자기 삶의 의미를 찾아보려고 노력을 해요. 환자에 개입하는 방식으로요. 욕창이나 가래 뽑는 일, 혈압, 소변 이런 거 하나하나 집착하시는 분들도 많아요. 의료진에게 보고만 하는 역할을 벗어나고자 하는 거죠. 인간이 그래요. 자기도 모르게 그렇게 되죠. 독일의 경우 건강보험제도가 112년을 거쳐 수정·확대됐다고 해요. 한국은 전국민 보험으로 정말 와락 정착됐어요. 짧은 시간에 하다 보니 새로운 요구가 있으면 장기적으로 대책을 세우기보다 단기적으로 땜

질하면서 정착되는 거죠.

◆ 정선형 한편으로는 노동과 돌봄이 다르다는 생각도 해요. 호스피스에서는 보호자나 가족도 케어를 받아야 하는 대상이에요. 예정된 이별을 눈앞에 둔 분들이잖아요. 그래서 오로지 일적인 부분을 담당할 수 있는 인력은 분명히 필요해요.

■ 김호성 앞으로 인구구조가 변하잖아요. 지금처럼 가족 중심 간병은 지속불가능하죠. 그래서 간호간병통합서비스처럼 간병을 제도권 안으로 들여오려는 움직임이 있어왔어요. 문제는 수도권 급성기 병원 중심이다 보니 지방에 있는 병원들은 하기가 어렵고, 더 나아가 간병이 실질적으로 제일 필요한 만성질환자들이 오래 입원해 있는 요양병원의 간병 급여화는 아직 요원한 실정입니다. 정부는 요양병원에 있는 환자 수가 많다 보니 급여화를 실시하면 재정 부담이 너무 크다고 판단하는 것 같아요. 그래서 간병제도화를 위해 시민들이 직접 시민단체를 조직하기도 했습니다.

● 송병기 보건복지부 보건의료 실태조사를 보면 2016년 기준 간호사 면허소지자는 약 35만 명인데 실제 보건의료 현장에서 일을 하는 사람은 약 17만 명 정도라고 해요. 한국에 간호사가 없는 것이 아니라 간호사가 일을 할 수 있는 노동환경이 터무니없다는 말이기도 합니다. 국가가 무책임하죠. 전문 인력을 길러놓고 전혀 활용을 못 하고 있고요. 의사들도 일이 너무 많죠. 대학병원에서 환자나 보호자들은 교수 회진을 엄청 기다려요. 교수들은 회진

하면서 환자와 대화하기보다는 환자의 몸 상태를 알려주는 각종 수치에 더 많은 관심을 기울이는 경향이 있어요. 그것만으로도 충분히 환자를 '보고' 있다고 판단하는 거죠. 환자·보호자·가족은 불안하니까 인터넷으로 각종 정보를 공유하게 됩니다. 간병도 알아서 해야 하죠. 의료 현장을 자세히 보면 볼수록 각자도생한다는 느낌을 지울 수가 없습니다.

고통의 전문가가 필요하다

김호성

'인간은 누구나 죽는다'라는 말은 누구나 다 아는 진리처럼 여겨진다. 하지만 호스피스 현장에서 그 말만큼 의미 없는 말도 없다. 예상된 짧은 생의 시간 속에서도, 저마다 풍요롭고 다채롭게 삶을 살아가길 원한다. 그래서 호스피스 환자들도 코로나19 바이러스를 무서워하고, 백신을 맞고 싶어 한다.

"선생님. 왜 내가 암에 걸렸을까요? 잘못한 것도 없는데 말이에요. 저는 지금까지 나름 열심히 살아왔고, 담배와 술도 하지 않았어요. 나이도 이렇게 젊잖아요. 이제 내가 노력한 것이 잘 풀리겠다고 생각하고 미래를 준비할 때, 진단을 받고 치료를 시작했어요. 정말 억울해요. 큰 병원 주치의 선생님께서 하라는 대로 치료도 열심히 받았는데…"

호스피스 병동에 환자가 입원 후 2~3일 정도가 지나면 몸의 통증이 어느 정도 조절된다. 이 시기부터 환자는 호스피스가 '죽는 곳'이 아니라 '사는 곳'임을 체감하게 된다. 호스피스 의료진에게도 서서히 마음을 열어준다. 입원 사흘째 되던 날 병실에 있는 의자를 환자의 침상 앞에 놓고 앉아서 이야기를 시작했다. 그의 방에는 이름 모를 건강식품이 가득했다. 텔레비전은 하루 종일 건강 정보를 알려주는 프로그램에 채널이 맞추어져 있다.

"무엇이 잘못되었을까요? 저는 하고 싶은 것도 너무 많아요. 죽음을 받아들이라고 하지만 저는 그렇게 못 해요. 정말 저는 끝까지 버틸 거예요. 이제 통증도 많이 줄었으니 다시 시작해볼 거예요. 여기서 체력을 회복하고 다시 큰 병원에 가서 항암치료를 받을 거예요."

"체력이 얼마나 회복될지는 모르겠지만 다시 큰 병원으로 가기가 어려우실 수도 있어요."

"아니에요. 저는 그럴 수 있어요. 세상에는 기적이 존재하잖아요. 저는 정말 건강한 사람이었다고요. 이렇게 된 상황이 정말 저는 믿기지 않아요. 텔레비전 보면 말기 암에서 자연치유로 나은 사람들도 있잖아요. 다들 안 된다고만 하시는데 저는 그렇게 생각하지 않아요."

늦은 오후의 햇살이 창을 넘어 침상에 닿아, 환자의 얼굴에도 그림자가 졌다. 다음 날 환자의 모르핀 용량 조절 처방을 다시 확인해본다. 약물 용량이 적절하게 맞춰지면 환자의 의욕도 솟아난다. 이전에 꺾여버렸던 삶의 희망이 새로 솟아난다. 나는 그 삶의 의욕이 현재 상황에 도움이 되는 건지, 아닌 건지 문득 고민한다. 다음 날에는 역시 희망에 차 있는 환자 보호자에게 지금의 상황을 객관적으로 설명해야 한다. 환자의 증상이 조절되고 있는 것은 환자의 체력이 회복된 것이 아니라, 약물이 적절하게 들어가고 있기 때문이라는 것을. 약물이 적절하게 들어가고 있다는 것은 호스피스 완화치료의 끝이 아니라 시작이다.

언제까지 살 수 있느냐는 질문

"선생님, ○○○ 환자가 이야기를 좀 하고 싶대요. 부탁이 있는 것 같아요."

간호사의 이야기를 듣고 병실로 향한다. 항암치료 때문에 머리가 맨들맨들한 그 환자는 두상이 참 예뻤다. 살은 빠졌지만 눈은 형

형하다. 그도 아직 젊다.

"오늘 기분은 좀 어떠세요?"

"네, 괜찮아요. 선생님. 제가 궁금한 것이 있어요."

"제가 대답할 수 있는 범위에서 다 말씀드리겠습니다."

"선생님은 제가 언제까지 살 수 있을 거라 생각하세요? 아무도 그런 이야기를 제게 한 적이 없거든요."

"음, 많이들 하시는 질문이죠. 대답하기 어려운 질문이지만, 또 한편으로는 그렇게 어려운 대답이 아니기도 합니다."

"네… 어떤 말씀이신 줄 알겠습니다. 지난 밤에는 선생님께 구체적인 답을 듣기 원했는데, 답을 듣지 않는 게 좋을 것 같아요. 하루하루 지금껏 살아왔던 것처럼 살아가면 되겠죠. 가족들도 그렇고 주변에서 제가 여명이 길지 않은 것에 안타까워하면서 힘들어하는데, 솔직히 저는 그렇게 힘이 들지는 않아요. 매 순간 기도하며 제 기억 속에, 현재 모든 순간을 의미 있게 담으려고 하죠. 하지만 살고 싶지 않다는 이야기는 아니에요. 항암치료를 하면서 잘 적응하고 이겨내기도 했거든요. 극복했다고 생각했을 때에는 너무 기쁘고 스스로에게 자랑스러웠어요. 그렇지 못할 때에는 극도의 좌절감과 우울감도 생겼고요. 하지만 이제는 이겨내는 것이 뭔지 정말 모르겠어요. 이겨내고 싶다는 마음이 사라진 것이 문제라기보다는, 내 삶에서 이겨낸다는 것이 어떤 의미를 가지고 있는지 잘 모르겠어요."

삶의 모습이 다양한 것처럼 각자가 삶에 부여한 의미도 다양하다. 젊은이와 노인, 남자와 여자, 가진 자와 가지지 못한 자의 삶의 의미는 다를 수밖에 없다. 호스피스에서도 어떤 이에게는 오래 사는 것이 삶의 의미이고, 어떤 이에게는 지금의 순간을 기억 깊숙한 곳으로 묻으며 현재를 수용하는 것이 삶의 의미이다. 또 어떤 경우는 '보호자의 의무'나 '자식으로서 최선을 다하는 효'이기도 하다. 이러한 의미들은 우리를 살아 있게 하는 원동력이다.

하지만 많은 생의 말기 돌봄 현장에서는 이러한 '의미'를 다루는 일이 그리 단순하지 않다. 구체적이고 생생하게 눈앞에서 펼쳐지는 막막하고 어두운 신체적·심리적·영적 고통 때문이다. 호스피스에서는 '의미'에 대한 이야기 못지않게, 때로는 그보다 더 많이 '고통'에 대해 이야기한다. '이 통증이 없어졌으면… 그게 제 소원이에요.' '나를 힘들게 하는 것은 화해하지 못했던 부모님과의 관계예요.' '하나님이 왜 나에게 이런 벌을 주시는 걸까요?'

미래의 우리는 모두 '말기' 환자다

호스피스 단계 이전에는 '고통'이 중요하게 다루어지지 않는다. 병의 진단과 치료를 거치는 과정에서 고통의 문제를 다룰 수 있는 전문가들이 부족하다. 사회적으로는 환자와 가족들이 가지고 있는 질병과 고통에 대한 이야기를 자연스럽게 하는 분위기가 형성되어 있지 않다. 질병은 오직 치료해야 할 대상이며 삶의 장애물로 여겨진다. 이러한 상황 속에서 환자가 고민하는 삶의 의미는 파편적으로 부서지거나 위축되고 만다.

이 세상의 모든 이들은 크고 작은 각자의 고통 속에 살아간다. 누구나 저마다의 고통을 섬세하게 다루고 위로해줄 수 있는 시간과 공간을 바란다. 코로나19로 인해 대다수 시민들이 한 번쯤 죽음을 자신의 실존적 문제로 인식하게 됐다. 조금 더 상상의 지평을 넓혀보자. 우리가 함께 과감하고 적극적으로 '말기 환자'

들과 연대하는 상상을 해본다. 미래의 우리 대부분은 말기 환자가 된다. 생애 말기 돌봄 기간에 경험하게 될 우리 자신의 고통을 최소화하기 위하여 지금의 현실을 파악하고, 문제를 지적하고 움직여야 한다. 호스피스를 담당할 완화의료 전문가의 확충과 말기 돌봄 시설의 개선을 지속적으로 정부에게 요구하자. 왜냐하면 우리 모두는 가능하면 끝까지, 고통을 최소화하여, 의미 있게 잘 '살고' 싶어 하기 때문이다. 진실로 잘 살고 싶어 하기 때문이다.

'존엄삶'을 위하여

송병기

짙은 먼지 바람이 휘날린다. 팽팽한 긴장감 속에 총잡이들이 마주 서 있다. 허리춤에 차고 있는 리볼버를 신속하게 꺼내 들어 상대방을 쓰러뜨려야 한다. 서부극에서 총잡이들의 결투는 보편적 윤리를 획득하는 최종심급이다. 법과 제도가 탈구되어 뒤죽박죽인 세계에서 윤리는 갑자기 내려치는 천둥의 모습으로 재현된다. 그들은 자신이 옳다고 믿는 방식으로 세계의 질서를 구축하려 한다. 그들의 진심을 의심할 수는 없다. 다만, 서로 충돌이 생긴다면 대결을 통해 누구나 납득할 만한 윤리를 획득해야 한다.

존 포드의 영화 〈황야의 결투〉에서 「호스피스·완화의료 및 임종 과정에 있는 환자의 연명의료 결정에 관한 법률」(이하 연명의료 결정법)을 둘러싼 오늘날 병원 풍경을 떠올리는 것은 지나친 상상일까? 연명의료 결정에 참여하는 환자·가족·의료진의 입장은 다양한 윤리의 이름으로 충돌한다.[1] '죽을 권리'와 '살 권리'가 대결한다. 통상 죽을 권리는 회복 가능성이 없는 환자가 온갖 의료 장치에 의존해 인위적으로 생명만 연장하는 현실이 무의미하다고 판단할 때 등장한다. 이에 반해 살 권리는 의료진이 말기(혹은 임종기)를 딱 부러지게 판단하기가 쉽지 않고, '신성한 생명을 인위적으로 종결할 수 없다'고 여길 때 나타난다.

또 '의료적 집착'과 '방어 진료'가 대결한다. 의료적 집착은 보통 의료진들이 쓰는 말이다. '좋은 죽음'에 대한 학습이 부족하고 유물론적 유교 문화(한국에서 '유교 문화'는 어디든 쓸 수 있는 관용어지만)에 얽매여 있는 환자와 보호자들을 가리킬 때 등장한다. 방어진료는 환자와 보호자들의 말이다. 연명의료에 대한 숙고보다는 '환자를 살려야 한다'라는 정언 명령에 따라 '끝'까지 치료하는 의사들의 태도, 혹은 치료를 중단했다가 법적·도덕적 책임을 지게 될지도 모른다는 그들의 불안한 마음을 지적할 때 호출된다.

이 외에도 상당히 많은 대결이 변주되어 나타난다.[2] 예컨대 '환자의 자기결정권'과 '집단주의적 문화'가 대결하고, 또 '인위적 죽음'과 '자연사'가 대결하고, 그리하여 '이기적 환자'와 '이기적 가족 및 의사'가 대결하고, 그러므로 '환자의 인권 보호'와 '법 악용 우려'가 대결하고, 따라서 '죽음의 과정에 대한 자기지배권'과 '생명을 경시하는 안락사 반대'가 대결하고, 그리고 또…. 연명의료결정법이라는 황야에서 방랑하는 '윤리들' 간의 결투는 셀 수 없다.[3]

연명의료결정법은 사전연명의료의향서와 연명의료계획서를 통해 임종 과정에 있는 환자의 자기결정권과 존엄한 죽음을 뒷받침하는 제도로 알려져 있다. 연명의료결정법은 법률 및 의료 결정에 국한되지 않고 일상에서 '좋은 죽음'의 유의어처럼 폭넓게 통용된다. 무엇이 '존엄한 죽음'인지는 논쟁의 여지가 있지만 연명의료결정법 제2조 제4호는 연명의료를 이렇게 정의하고 있다. "심폐소생술, 혈액 투석, 항암제 투여, 인공호흡기 착용 및 그 밖에 대통령령으로 정하는 의학적 시술로서 치료효과 없이 임종 과정의 기간만을 연장하는 것을 말한다."

하지만 죽음은 문서 한 장으로 결판나는 승부가 아니다. 그 문서의 실질적 효력은 의료 결정에 참여하는 의사와 가족의 입장, 또 그들에게 영향을 미치는 의료 환경, 가족 관계, 사회 분위기에 따라 얼마든지 달라질 수 있다.[4] 연명의료 결정은 환자(의사와 보호자도 마찬가지)가 단독으로 결정하고 이행할 수 없다.[5] 그 흔한 감기 치료도 환자와 의사뿐만 아니라 보호자, 간호사, 약사, 처방전, 의료기기, 병원 행정체계, 의료법, 국민건강보험 등으로 형성된 관계망에서 이루어진다. 하물며 생명이 걸린 중대한 의료 결정을 환자가 단독으로 내릴 수 있다는 말은 '비현실'적으로 다가온다. 안락사를 허용한 국가에서도 연명의료 결정은 환자의 자기결정권 하나로만 이뤄지지 않는다.[6] 다만 여타 의료 결정과 달리 연명의료 결정은 환자의 몸을 죽은 것도 산 것도 아닌 불확실한 상태로 '배치'하는 의료행위에 대해서 환자·가족·의료진의 숙고를 요청한다. 연명의료 결정을 통한 '존엄한 죽음'은 의향서와 계획서로 정해지기보다는 죽음에 대한 숙고가 가능한 '환경(관계와 장소)'에 달려 있다.[7]

연명의료결정법이라는 황야에서 진정 무엇이 좋은('환자의 자기결정권이 보장된' '신성한 생명이 존중된' '고통 없는' '고통이 수반되어도 끝까지 삶을 영위한' 등) 죽음이고, 또 무엇이 그리도 나쁜('목숨만 늘리는' '목숨을 포기하는' '자기결정권이 부재한' '자기결정권만 강조하는' 등) 죽음인가? 그러고 보면 죽기가 여간 힘든 게 아니다. 아니, 오히려 이런 관점에서라면 존엄한 죽음은 생각보다 '쉬운' 일일 수도 있다. 환자·보호자·의료진 모두가 법률이 정한 대로 서류 절차를 잘 따르고, 사이좋게 상의해서 연명으로 판단되는 치료를 중단하면 존엄한 죽음으로 '인증'받을 수 있기 때문이다. 그야말로 자타공인 죽음이다. 그런데 우리가 원하는 좋은 죽음이 이런 법적·의료적 인증의 문제인지 곱씹게 된다. 오늘날 병원이 우리에게 익숙한 임종 장소가 되면서 죽음에 대한 담론이 의료 결정의 문제로 귀결되고 있는 것은 아닌지 반문하게 된다. 존엄한 죽음을 말하기 이전에 삶은 존엄한지 또 묻게 된다. 이 논의를 다른 각도로도 살펴보기 위해 연명의료결정법의 배경과 이 법이 간과하는 쟁점을 살펴볼 필요가 있다.

삶과 죽음 사이의 '회색지대'

연명의료결정법은 '오늘날 죽음의 한 단면'을 자세히 보여주는 대물렌즈 같은 장치다. 하지만 현미경 상의 양파 표피세포를 양파라고 정의할 수 없듯이, 연명의료결정법이라는 렌즈에 비친 법률적·의료적 인증을 죽음이라고 단정 지을 수 없다. 연명의료결정법(그 이름을 '말기 환자의 권리에 관한 법'이라고 하든, '존엄한 죽음을 위한 법'이라고 일컫든)이 한 사회에 출현하기 위해서는 적어도 두 가지 전제조건이 필요하다.

먼저 연명의료가 '가능'한 곳이어야 한다. 다시 말해서 '심폐소생술, 혈액 투석, 항암제 투여, 인공호흡기 착용 등의 의학적 시술이 치료효과 없이 임종 과정의 기간만을 연장'하는 것이 문제가 될 수 있는 사회 제도가 존재해야 한다. 대다수 사회 구성원들이 별 무리 없이 병원을 이용할 수 있고, 의료시설이 익숙한 임종 장소로 여겨지고, 장기간 입원해서 집중치료를 받을 수 있는 병원이 있고, 위에 언급한 의학적 시술을 능숙하게 사용할 수 있는 의료진들이 존재하고, 그 전문 인력을 배출할 수 있는 교육 시설이 있고, 그러한 사람·기술·시설들을 꿰는 각종 법률적·행정적 제도까지 안착되어 있는 사회 말이다.[8] 각종 연명의료 관련 논란들과 안락사 논쟁들이 미국·영국·프랑스·스위스 같은 사회에서 비교적 최근에 불거져 나온 것은 우연이 아니다.[9]

연명의료는 생물학적 삶과 죽음 사이에 '회색지대'를 만든다. 이 불확실한 영역에서 사람들은 어디까지가 삶이고, 어디부터가 죽음인지 확실하게 구분할 수 없게 된다. 그 회색지대는 삶과 죽음에 대한 수많은 해석과 입장을 초래하고, 그에 따라 사회 구성원들의 줄다리기도 격렬해진다. 이 과정에서 '신성한 생명' '자기결정권' 같은 기독교적, 계몽주의적 가치가 호출되고 경쟁하는 것도 우연이 아니다.* 그런 시민들의 목소리에 응답하는 정치적 움직임, 즉 연명의료 결정 문제를 일정하게 다루기 위한 법과 제도가 등장한다. 이처럼 연명의료 결정에 관한 법은 특정 시대와 지역에서 불거진 인간 죽음의 '한 단면'에 대응하기 위해 등장한 사회적 틀거지다.

2008년 '세브란스 병원 김 할머니 사건'은 한국 사회도 앞서 언급한 전제조건을 충족했음을 알리는 신호탄이었다.[10] 이 사건은 병원에서 임종하는 사람들 누구라도 연명의료 결정 때문에 갈등을 겪을 수 있음을 의미한다. 이런 사회적 흐름에서 탄생한 연명의료결정법은 연명의료 결정이라는 불확실한 미래의 고민을 명료한 현재의 선택으로 전환하는 제도로 볼 수 있다. 죽음은 '의향서'와 '계획서'라고 불리는 각종 문서들을 통해 예측된 미래가 되어간다. 그 '기입장치'를 통해, 사람들은 현재의 몸에 대한 생의학적 판단을 기준으로 생명의 미래 가치를 측정한다(그 합리적 측

* 연명의료는 '뇌사(1968년)'라는 죽음에 대한 또 하나의 규정을 초래했다. 연명의료 초기 논쟁에 해당하는 '퀸란 사건'에 관한 뉴저지주 대법원 판결이 1976년에 있었다. 또한 프랑스의 '존엄사를 위한 협회'라는 시민단체는 1980년에 창설됐다. 이처럼 연명의료에 관한 사회적 논란과 법과 제도 수립의 움직임은 20세기 중반에서야 서구 특정 지역에서 조금씩 시작됐다. (Véronique Fournier, La mort est-elle un droit?, La documentation française, 2016.)

정 결과를 '존엄한 죽음'이라 불러도 무방하다). 다시 말해, 불확실한 미래의 죽음은 '현재의 의료 기술과 생물학적으로 평가된 생명'을 기준으로 예측되어 현재의 삶에 통합된다. 이런 관점에서는 신성한 생명도, 자기결정권도, 방어 의료도, 의료 집착도, 유교 문화도 모두 대동소이한 말일 뿐이다. 연명의료결정법 테두리에서 이 모든 언표들은 앞서 언급한 그 '생명의 가치'를 기준으로 죽음의 의미를 규정하는 변주이기 때문이다. 이 법은 환자의 생물학적(biological) 몸에는 관심이 많지만, 환자의 전기적(biographical) 삶에는 시큰둥하다. 어쩌면 이 제도는 행정적 절차와 문서에만 관심이 있을지도 모른다.[11] 몇몇 서구 사회처럼, 이 법은 향후 호스피스·완화의료 확대(암 환자뿐만 아니라 대부분의 환자로), 중단할 수 있는 연명의료 범위 확대(수분·영양 공급을 포함한 모든 의료행위), 그리고 연명의료 중단에 대한 사회적 합의 정도에 따라 조력자살이나 적극적 안락사도 다룰 수 있을 것이다.

떨어지고, 끼이고, 부딪히고, 깔려서

연명의료결정법의 저편에는 또 다른 기준에 근거한 '연명'이 존재한다. 소득 상위 20% 인구의 기대 수명은 소득 하위 20%에 비해 6년 더 길다.[12] 전자의 건강 수명은 후자보다 11년이나 더 길다. 전자는 후자보다 담배도 덜 피우고, 덜 우울하고, 고혈압과 당뇨병 유병률도 덜하다. 또한 전문대 이상 학력 소지자들의 자살률은 초등학교 졸업 이하 학력 소지자들보다 낮다. 서울시 자살률은 강원도와 충남보다 낮다. 이런 통계를 '세게' 요약하면, '서초구 고소득층은 화천군 저소득층보다 15년 더 산다.'[13]

한편 노동조건도 '연명'과 밀접한 관련이 있다. 2019년 한 해

산업재해로 인한 사망자 수는 무려 2020명이다.[14] 이 중에서 질병이 아닌 업무상 사고로 인한 사망자 수만 해도 855명이다. 사망자 수의 산업별 분포를 보면 건설업이 428명, 제조업이 206명, 운수·창고·통신업이 59명을 차지한다. 이들은 대개 높은 곳에서 떨어지고(347명), 어딘가에 끼이고(106명), 무언가에 부딪히고(84명) 또 깔려서(67명) 죽었다. 이보다 더 열악한 사업장 노동자들의 죽음은 산재보험 미적용, 회사의 비협조, 재해자 입증 책임 원칙에 묻혀서 통계 숫자로도 보이지 않는다. 많은 사람들이 하루하루 '연명'하기 위해 빨리빨리 '단명'하고 있다.[15] 요양보호사·간병인·환경미화원·배달 기사일 가능성이 큰 이들은 저임금, 장시간 근로, 특수고용 같은 위태한 근로조건 속에서 시민들의 안전을 지키기 위한 '코로나19 시대 필수노동'을 맡고 있다.[16]

이런 관점에서 보면, 연명은 생의학적 생명이 아닌 '불평등한 삶'에 기초해서 사회적으로 형성된 사각지대다. 죽음은 사람들의 소득·학력·지역·직업 등에 따라 불평등하게 다가온다. 웬일인지 여기에서는 존엄한 죽음을 위한 윤리들 간의 치열한 결투를 찾기가 어렵다. 우리 인생에서 생물학적 생명과 사회적 삶이 분리될 수 없듯이, 존엄한 죽음은 연명의료에서뿐만 아니라 불평등한 삶의 조건들에서도 치밀하게 검토돼야 한다. 연명의료결정법이 오늘날 난감한 연명의료 여부를 결정하는 데 도움을 주듯이, 정부와 국회는 불평등한 삶의 조건들로 인한 '연명'과 '단명'의 문제들을 푸는 법과 제도들을 더 촘촘하게 개선하고, 만들어야 한다.* 존

* 노동조건을 근본적으로 개선하지 않고, 외국인 노동자를 열악한 사업장으로 투입하겠다는 정부와 재계의 계획은 죽음의 국적만 바꾸겠다는 말로 들린다. (「택배 서브·허브 터미널 상하차 업무에 이주노동자 투입」, 『매일노동뉴스』, 2021. 3. 17.)

엄한 죽음은 연명의료결정법만으로는 맞이할 수 없다.

참고문헌

1 이부하, 「연명의료결정법의 법적 쟁점 및 개선방안」, 『법제』, 688호, 2020, 231~256쪽.
2 「[웰다잉 시대와 과제③] 안락사 합법화 논쟁 부상… "죽을 권리를 달라"」, 『시사위크』, 2020.10. 2.
3 「[집중취재-안락사의 명암 ③] '안락사'를 바라보는 다양한 시각」, 『일요서울』, 2020. 11. 13.
4 박형욱, 「환자연명의료결정법의 제정과 과제」, 『저스티스』, 158(3), 2017, 670~701쪽.
5 「무의미한 연명의료 거부했지만 3주간 고통받다 떠난 환자」, 『메디게이트뉴스』, 2018. 6. 27.
6 Anthony Stavrianakis, *Leaving: A Narrative of Assisted Suicide*, University of California Press, 2020.
7 「[기획] "이대로면 연명의료법은 잊혀진 법 될 것"」, 『청년의사』, 2021. 2. 15.
8 Sharon R. Kaufman, *Ordinary Medicine: Extraordinary Treatments, Longer Lives, and Where to Draw the Line*, Duke University Press, 2015.
9 Véronique Fournier, *La mort est-elle un droit?*, La documentation française, 2016.
10 김영란, 『판결을 다시 생각한다』, 창비, 2015, 21~48쪽.
11 Michael Herzfeld, *The Social Production of Indifference: Exploring the Symbolic Roots of Western Bureaucracy*, University of Chicago Press, 1993.
12 「고소득자-저소득자 건강 수명 11년 격차…"건강불평등 심각"」, 『연합뉴스』, 2020. 1. 15.
13 「서초구 부유층, 화천 저소득층보다 15년 더 산다」, 『한겨레』, 2015. 11. 10.
14 『2019년 산업재해 현황분석』, 고용노동부, 2020.
15 「택배노동자 과로사에도 산재 인정까지 '3중고'」, 『한겨레』, 2020. 11. 30.
16 「당신의 위험을 짊어진 '필수노동자'」, 『MBC뉴스』, 2020. 9. 22.

2부 질병과 돌봄

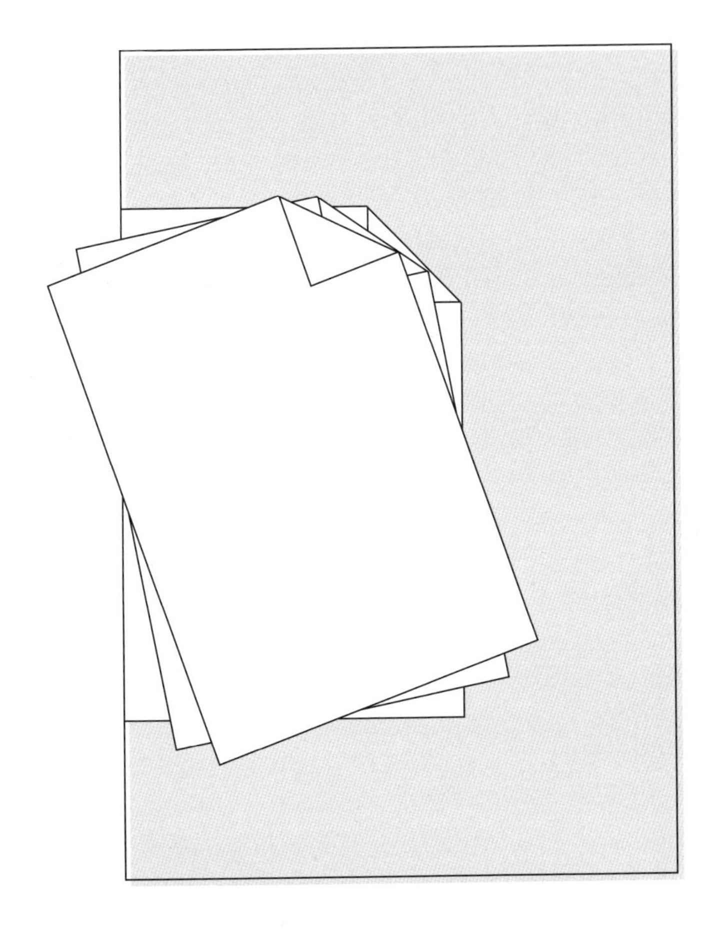

죽는 것보다 아프면서 오래 사는 게 두렵다 김영화

함께 늙어가던 친구들은 하나둘 동네를 떠났다. 송영화 씨(80)는 경기도 부천시 고강본동의 한 연립주택에서 30년을 살았다. 이제 동네에는 '모르는 얼굴들'뿐이다. 거동이 불편해진 이들은 자식이 있는 곳 가까이로 이사하거나 요양병원으로 들어갔다. 떠난 이웃의 소식은 부고가 대신했다.

송씨는 젊은 시절 남편과 헤어진 후 홀로 아들을 키웠다. 먹고사느라 노후를 준비할 겨를이 없었다. "장사도 하고 식당도 해보고, 또 터미널 매표소에서도 일했어요. 아들 뒷바라지한다고 학비 낼 때 되면 속이 바짝바짝 타들어갔어." 이만하면 잘 버텼다고 생각하던 그에게 2013년 뇌졸중이 찾아왔다. 쓰러진 후로 집 안에서도 벽을 잡지 않고는 걷기가 어렵다. 오른쪽 귀는 들리지 않는다. "늘 마음의 준비는 하고 있어요. 자식 고생 안 시키고 갈 수 있으면 감사하죠." 홀로 사는 송씨의 염원은 집에서 임종하는 것이다.

혼자 사는 집은 자주 위험했다. 쓰러졌던 그날도 송씨 혼자였다. "교회에 가려고 성경책을 찾는데 머리부터 목 뒤쪽이 뻐근한 게 '아 큰일 났다' 싶더라고." 앞집 문을 급하게 두드렸지만 그날따라 집이 비어 있었다. 평소 연락하던 이웃 전화번호도 생각나지 않았다. 의식을 잃기 전 송씨가 가장 먼저 했던 일은 현관문을 열어두는 것이었다. "사람이 보여야 날 끌어내든지 할 테니까. 시간과의 싸움 아니에요?" 그 덕분에 윗층 주민이 현관 앞에 쓰러져 있는 송씨를 발견할 수 있었다.

한 달간의 병원 생활 후, 송씨에게 죽음은 풀어야 할 숙제가 되었다. 간병비부터 재활 운동까지 하루 15만 원 넘는 돈이 부담스러웠다. 그가 머리맡 서랍 속에 넣어둔 사전연명의료의향서 등록증을 꺼내 보여주었다. 2018년 보건소에서 '임종 과정에서 인공호흡기 장착, 심폐소생술 등 무의미한 연명의료를 거부한다'는 의향서에 사인했다. 일종의 보험 같은 것이었다. "나 쓰러지고 나서 아들이 살리려고 어떻게 할까 봐…." 강원도 강릉에 사는 아들은 상의도 없이 결정했다며 속상해했다. 아들은 어머니가 사전연명의료의향서를 철회하기 원한다. 하지만 송씨는 죽는 것보다 아프면서 오래 사는 게 두렵다.

돌봄, 돈, 가족. 죽음을 둘러싼 갈등이 송영화 씨만의 이야기는 아니다. 통계는 한국 사회에서 노년의 현실을 가감 없이 보여준다. 2017년 노인 실태조사에 따르면 고령자 88.6%가 '계속해서 현재 집에 거주할 계획'이라고 응답했다. 57.6%는 '건강 악화로 거동이 불편해져도 현재 살고 있는 집에서 여생을 마치고 싶다'고 답했다. 그러나 노인 가구의 72%는 노인 단독가구다(독거 23.6%, 노인 부부 48.4%). 집에는 노인을 돌볼 사람이 없다는 의미다. 그 결과 생애 말기의 장소는 병원으로 옮겨갔다. 한국의 65세 이상 노인들은 요양병원과 요양원에서 평균 707일을 보내다 생을 마감한다(국민건강보험공단, 2018년).

병원이 아닌 곳에서 죽음을 상상할 수 있을까? 노인복지학에서는 최근 '에이징 인 플레이스(Aging in Place)'*를 새로운 지향점으로 제시한다. 산업화된 죽음의 현실에 대한 일종의 대안이다. 집에서 임종을 맞이하기 위해서는 친밀한 관계와 돌봄, 보호가 필요하다. 2018년부터 정부가 시행 중인 커뮤니티케어(지역사회 통합 돌봄) 사업은 병원에 치중된 돌봄을 지역사회와 '나누는' 시도 중 하나다. 살던 곳에서 나이들 수 있도록 주거·보건의료·요양·돌봄 등을 통합적으로 지원하는 것이 사업 취지다. ▲케어안심주택 등 맞춤형 주거 인프라 확충 ▲방문건강 및 방문의료 실시 ▲재가 장기요양 및 돌봄서비스 확충 ▲민관 서비스 연계를 4대 중점 과제로 잡고 2019년 6월부터 16개 지자체에서 선도사업을 이어가고 있다. 초고령사회로 진입하는 이듬해인 2026년부터는 전국적으로 보편화될 예정이다.

그렇다면 더 이상 노후 걱정은 하지 않아도 되는 걸까. 커뮤니티케어는 정부도 대형 병원과 요양시설에서의 죽음이 존엄하지 않다는 사실에 공감하고 있다는 의미이기도 하다. 그러나 사업 곳곳을 들여다보면 아쉬움이 크다. 2020년 기준으로 기존의 노인·장애인 복지 인프라가 이미 깔려 있던 소수 지자체 몇 곳에서만 시범적으로 시행되는 수준인 데다, 그마저도 이런저런 문제가 없지 않았다. 예산과 자율성이 부족하다 보니 지방자치단체 간 공모 사업을 따내기 위한 경쟁만 심화되었다. 그룹홈 같은 새로운 인프라를 확충하는 것보다 기존에 뿔뿔이 흩어져 있던 복지망을 통합적으로 관리할 체계를 만드는 게 먼저였지만 언제나 그렇듯 건물부터 들어섰다. 현장에서 일은 늘어나고, 구청과 소통은 어렵고, 혼란만 가중되었다고 한 사회복지사는 말했다. "병원에서 지역사회로 부담을 가져오겠다는 취지는 좋습니다. 그런데

* 한국보건사회연구원은 에이징 인 플레이스를 이렇게 정의한다. '노인이 거주하기를 희망하는 집 또는 장소에서 거주하면서 친숙한 사람들과 관계를 유지하고, 적절한 지원과 보호를 받으며 생활하며, 좋은 죽음(well-dying)을 맞이하는 것.'

지역에서는 누가 돌볼 건가요? 의료와 돌봄을 누가 연계할 건가요? 그런 고민은 쏙 빠졌어요."

정부의 커뮤니티케어 사업 이전부터 '에이징 인 플레이스'를 고민해온 지역을 두루 찾아봤다. 경기도 부천시 오정구 고강동과 서울시 은평구 살림의료복지 사회적협동조합, 서울시 강북구 건강의집 의원은 '누가 돌볼지'에 대한 고민이 깊은 공동체였다. 모두 노인 비율 또는 1인 가구 비율이 높은 지역이기도 했다. 이들은 공통적으로 돌봄의 관계망을 만드는 것이 커뮤니티케어의 숨은 공식이라고 말한다. 사전연명의료의향서 70만 8808건, 연명의료계획서 5만 1832건(2020년 기준)에 이르는 시대에 우리가 놓치고 있는 질문은 무엇일까.

한 사람의 전부가 집에 있었다 김영화

경기 부천 고강종합사회복지관

거리두기 단계가 격상되어도 방문은 끊긴 적이 없다. 2020년 10월 16일 오전 9시 30분. 경기도 부천시 고강종합사회복지관(이하 복지관)에 들어서자 밥 짓는 냄새가 났다. 도시락 240인분이 조리되고 있었다. 코로나19로 인해 무료 급식소가 중단되면서 자원봉사자들이 도시락과 반찬을 직접 배달하고 있었다. "밥 먹으러 오는 게 유일한 운동인데 코로나19 이후로는 집에만 꼼짝 없이 갇혀 계세요. 누구 하나 말 걸어주는 사람 없이 외롭잖아요." 돌봄활동가 한영희 씨(56)는 이전보다 어르신들 안색이 어두워졌다고 염려했다. 반찬은 구실이다. 아픈 데는 없는지, 밥을 거르지는 않았는지, 곰팡이가 피거나 전등이 나가지는 않았는지 살핀다. 대면이 어려워질수록 돌봄이 절실했다.

경기도 부천시 고강동과 성곡동 일대는 65세 이상 노인 비율이 20%에 육박하는 고령화* 지역이다. 한씨 같은 돌봄활동가 26명이 노인 단독가구 100여 곳을 돌아다닌다. 독거노인 다수가 가족 관계가 끊겨 있는 데다 노화와 지병으로 문자나 전화를 못 받는 경우가 많다. 지자체 복지정책도 잘 닿지 않는 사각지대일 가능성이 크다. 돌봄활동가 박정숙 씨(57)는 동네 사정을 속속들이 안다. "올여름에 비가 지독하게 왔잖아요. (어르신 집) 천장에 물이

* 2019년 7월 주민등록 인구 기준 65세 이상 노인 인구는 약 784만 명으로 전체 인구의 15.1%다. 통계청의 장래인구 추계에 따르면 노인 인구는 2030년 25%(1298만 명), 2060년 43.9%(1881만 명)로 늘어난다.

새서 곰팡이가 슬어 있고, 장판은 축축하지….” 집에 방문하면 한 사람 삶의 전부를 본다.

“왜 보호의 책임이 가족에게만 있습니까?”

그런 사각지대를 메우는 게 돌봄활동가의 일이다. 지역사회에는 자식에게 신세 지기 싫어서, 119 구급차를 부르면 돈이 들까 봐, 급히 도움을 청할 곳이 없어서 제때 치료를 받지 못하는 어르신들이 종종 있다. “폐지 줍는 할머니인데 팔에 멍이 시퍼런 거야. 자기가 선점한 지역에 넘어왔다고 다른 노인이 때렸는데, 2주가 넘도록 병원을 안 갔더라고.” 어르신 집 수리를 복지관에 연계하고, 할머니를 병원에 모시고 간 것도 가족이 아닌 돌봄활동가 박정숙 씨였다. 그는 적절한 돌봄을 주고받을 수 없을 때 집이 감옥이 될 수 있다고 했다.

부천시 고강종합사회복지관은 정부의 커뮤니티케어 추진 계획에 동참하고 있는 기관이다. 2019년 6월 경기도 부천시가 선도사업 지역으로 선정된 후부터다. 보건소(방문약료서비스), 가톨릭사회복지회(커뮤니티 홈) 등 정부와 민간 사업자가 ‘통합돌봄’체계에 하나둘 참여했다. 지역의 어르신들과 일대일로 관계 맺고, 어디에 어떤 돌봄이 필요한지 알릴 수 있는 사람들이 필요했다. 노인장기요양보험제도와 기초생활보장제도와 같은 행정체계가 닿지 못하는 사각지대가 계속 발생했다. 고강종합사회복지관은 돌봄활동가를 육성하기 시작했다.

최종복 고강종합사회복지관 관장은 커뮤니티케어의 핵심이 ‘관계망’에 있다고 본다. “왜 보호의 책임이 가족에게만 있습니까. 지역사회 안전망은 왜 작동하지 않았는지 물어야죠.” 특히 코로나19 유행은 관계망의 부재가 얼마나 위험한지 보여주었다. 거점 역할을 하던 복지기관들이 문을 닫으면서 아이 돌봄, 노인 요양과 같은 의무가 가정에 한꺼번에 몰렸다. 최종복 관장이 보기에 가정 내 학대자와 피학대자 모두 '지역사회가 놓친 주민'이다. 커뮤니티케어가 구현된다는 것은 결국 어디가 사각지대이고, 누가 도움이 필요한지 파악할 수 있는 관계망을 만드는 일이었다.

중년 여성의 노동에 의존하는 돌봄

기초생활수급 여부나 자녀 동거 여부와 관계없이 돌봄을 필요로 하는 가정이라면 누구에게든 돌봄활동가들의 방문이 가능하다. 삶의 위기를 숫자와 문서로 '증명'하지 않아도 된다는 뜻이다. 돌봄활동가 한영희 씨가 방문하고 있는 가정 중에 저소득층 노인만 있는 것은 아니다. 교회 목사였던 김은중 씨(70)는 24년 전 뇌출혈이 발생한 이후 왼손과 왼다리를 전혀 쓰지 못한다. 아내가 온종일 그를 돌보기가 벅차다. 일주일에 한 번 한씨가 김씨의 관절운동을 돕고 반찬을 배달한다. "자식이 돈이 있거나 집을 소유하고 있어서 복지 혜택을 못 받는 분들도 있는데 돌봄은 그런 것과 상관없이 누구에게나 필요하거든요." 한영희 씨의 말이다.

어르신들도 집에 앉아 돌봄을 '받기만' 하지는 않는다. 실제로 고강동에서는 장애가 있는 노인이 홀로 사는 이웃들에게 안부 전화를 한 통씩 돌리면서 '돌봄 품앗이'를 만들고 있다. 주는 사람과 받는 사람을 구분해놓은 기존 복지체계로는 '가난하고 불쌍해서 돕는다'는 낙인을 지울 수 없었다. 최종복 관장은 이를 두고 '지역사회 내 위계가 만들어지는 방식'이라고 비판한다. 돌봄을 받을 권리가 있다는 말은 누구나 타인을 돌볼 의무가 있다는 의미였다. 고강사회복지관은 이렇게 '공동체'가 형성될 수 있을 것이라 기대한다.

하지만 돌봄 문제를 여전히 중년 여성의 노동에 의존한다는 한계도 있다. 돌봄활동가가 받는 경제적 보상은 한 달 교통비 1만 2000원이 전부다. 이들은 요양보호사, 장애인 활동지원사를 겸하고 있는 경우가 많다. 이런 방식으로 돌봄 관계망이 지속 가능할까? 이곳에서 돌봄활동의 대가는 돈이 아니라 '시간'으로 적립된다. 돌봄이 필요할 때 쓸 수 있고, 빌려줄 수 있고, 마이너스 통장처럼 빼서 쓸 수도 있다. 돌봄이 지역을 연결하는 화폐인 셈이다. 한영희 씨 계좌에는 2020년 10월 기준 64시간이 저축되어 있다. 아직 시간을 써본 적은 없다. "저도 아프고 늙으면 누군가의 돌봄이 필요할 텐데 그때 좀 더 당당하게 요구할 수 있지 않을까요." 그에게 돌봄은 희생이나 헌신이 아닌, 자신의 노후와 맞닿아 있는 실질적인 문제였다.

유언장 대신 돌봄장을 씁시다

김영화

서울 은평 살림의료 사회적협동조합

서울시 은평구에 사는 김명렬 씨(75)는 3년째, 치매 증세를 앓는 아내를 돌보고 있다. 동갑인 아내와 49년을 함께 살았다. 자신의 사업을 뒷바라지하느라 고생한 아내에게 그는 늘 미안했다. "애들 다 키워놓고 아내랑 여행 다니면서 여생을 보내야지, 그렇게만 생각했어." 아내의 기억력이 짧아지기 시작한 건 2019년 6월 즈음. 했던 얘기를 반복하거나 주차장과 동네에서 길을 잃는 경우가 잦아졌다. "딸내미가 와서 엄마 이상하다고 병원에 한번 가보자고 하더라고."

치매는 완치되는 병이 아니다. 약물치료로 치매 진행을 늦출 뿐이다. 김명렬 씨 부부는 큰 병원을 찾아 인천 강화도에서 서울로 이사왔다. 그사이 아내의 기억은 일주일에서 사흘로, 이틀로, 하루로 줄어들었다. 더 이상 일상적인 대화들도 어려워졌다. 늙어서 서로 의지하면서 살겠다 했건만 김명렬 씨에게 '간병'이란 두 글자는 너무도 낯설었다. "이를테면 수술하고 한두 달 치료받는다고 나아지는 게 아니잖아. 계속 안 좋아지는데 간병도 끝이 없어."

구청부터 주민센터, 보건소, 보건복지부까지 문을 두드리지 않은 곳이 없다. "24시간 붙어 있으니 혼자 감당이 안 돼. 이럴 땐 보호자가 어떻게 해야 하는지, 다른 가족들은 어떻게 견디는지 해결책을 묻고 싶은데 아무 데도 연결이 안 돼." 설상가상 치매 어르신을 돌보는 주간보호센터는 코로나19 유행으로 문을 닫

왔다. 아내의 불안 증세가 심해졌지만 병원에서는 두 달 치 약봉지만 수북하게 줄 뿐이었다. 인터넷에는 설거지를 시켜라, 콩나물을 길러라 하는 조언들만 나돌았다. 어떤 날은 주간보호센터를 안 가겠다고 버티는 아내를 부둥켜 안고 '왜 이렇게 됐냐' 원망을 늘어놓기도 했다. 김명렬 씨는 '매일매일이 전쟁' 같았고 '아무나 붙들고 시비 걸고 싶은 심정'이었다고 말했다.

환자만큼 환자를 돌보는 사람도 고립된다. 2017년 보건복지부가 시행한 노인 실태조사에 따르면 신체적 기능이 저하된 노인 중 71.4%가 수발을 받고 있다. 돌봄 제공자는 89.4%가 가족이다. 청소·빨래·장보기 등 일상생활을 지원하는 사람의 대다수가 배우자(40.1%)였고, 그 뒤를 딸(23.1%)과 맏며느리(12.3%)가 차지했다. 간병 대부분이 가족에게, 특히 여성에게 내맡겨져 있다. 돌봄의 사회화를 위해 2008년 노인장기요양보험이 시행되었고 문재인 정부는 '치매국가책임제'를 추진했다. 그 결과 전국에 민간 요양시설이 늘어났을 뿐, 노년 돌봄은 가족의 희생과 간병인의 '값싼(보호자 입장에서는 값비싼)' 노동 없이는 불가하다.

보호자도 돌봄이 필요하다

김명렬 씨는 동네 소식지를 통해 '서로돌봄 카페'를 알게 됐다. "이런 게 있었으면 말이라도 해주지. 보자마자 뛰어왔어." 서로돌봄 카페는 서울 은평구의 살림의료 사회적협동조합(살림의료사협)에서 기획한 돌봄 사업의 일종이다. 조합 인근 카페를 빌려 매주 토요일 치매 어르신과 보호자가 '마실 나오듯' 들를 수 있는 거점 공간을 만들었다. "독박 돌봄을 하는 가족들에게는 무척이나 힘든 시기잖아요." 건강돌봄 자원활동가(돌봄활동가)로 나선 살림의료사협 조합원 차익수 씨(58)가 말했다. 집에서 고립되지 말라고 이곳에 어르신과 보호자를 같이 초대한다. 돌봄활동가들이 어르신과 윷놀이를 하고 화투를 치는 동안 보호자들이 개인 업무를 보고 수다를 떨며 휴식을 갖는다. 살림의료사협 철학 중 하나인 '서로돌봄'을 위해서다.

보호자도 돌봄이 필요하다. 김명렬 씨는 이 말을 듣고 몇 개월간 묵혀둔 응어리가 씻겨내려갔다. 돌봄활동가들과 이야기를 나눈 후에야 수렁에 빠져 있던 건 아내가 아닌 자신이라는 사실을 알게 되었다. 살림의원 가정의학과도 소개받았다. "의사가 어떻게 지냈느냐고 묻는데 한참 이야기를 했어요. 마냥 들어주시는데 그것만으로도 큰 감동을 받았어." 의사를 20분 동안 대면한 건 그때가 처음이었다. 그 후 김씨는 서로돌봄 카페의 단골손님이 되었다.

98세 아버지를 위해 직장을 그만둔 딸, 치매에 걸린 남편을 4년간 홀로 돌보고 있는 아내 등 다른 가족 돌봄 당사자들도 이곳에서 만났다. 정진화 씨(60)는 아버지 정우갑 씨(98)를 위해 간병사를 고용하느라 월 300만 원을 넘게 쓴다. 2005년 알츠하이머를 진단받은 아버지는 '집에 가고 싶다'는 말을 입버릇처럼 했다. 모르는 사람들 사이에서 아버지의 말년을 보내게 하고 싶지 않았다. "장기요양 등급을 받아도 하루 3시간 요양보호사가 오는 걸로는 어림도 없어요." 아버지가 모아둔 돈은 간병비로 다 썼다. 중학교 교사였던 딸 진화 씨는 몇 년 전 퇴직했다.

2020년 10월 31일 서로돌봄 카페에서 노래판이 벌어졌다. 돌봄활동가 차익수 씨가 '목포의 눈물'을 기타로 연주하자 앉아 있던 정우갑 할아버지가 일어나 어깨춤을 추기 시작했다. 뒤이어

김명렬 씨가 패티김의 '그대 없이는 못살아'를 부를 때는 박수를 치던 돌봄활동가 몇몇이 조용히 눈물을 훔쳤다. 두 딸을 둔 5년차 조합원인 김은영 씨(49)에게도 김명렬 씨와 정진화 씨 이야기가 남 일 같지 않다. "늙고 병드는 게 당연한데 우리는 '나에게 왜 이런 일이 일어났나' 당황스럽기만 하네요." 이곳에 뚜렷한 해법이 있는 건 아니다. 확실한 건 노화가 누구나 겪게 되는 자연스러운 일이고 그 과정을 개인이 혼자 짊어질 수 없다는 것이다. 김명렬 씨는 '앙코르' 요청에 아리랑까지 부르고 나서야 급히 서로돌봄 카페를 나왔다. 데이케어 센터에 맡겨둔 아내를 데리러 가야 했다.

기계가 아니라 관계로 건강해진다

내가 아프고 병들면 누가 나를 돌볼까? 또 나는 앞으로 누구를 돌볼 것인가? 병들고 장애가 있더라도 존엄을 잃지 않고 살 수 있을까? 나답게 살다가 아는 얼굴들 사이에서 죽을 수 있을까? 노후를 생각하면 질문이 꼬리를 물고 이어지는데 손에 쥔 답은 별로 없다.

살림의료사협은 일찍이 노화와 죽음을 고민해온 공동체 중 하나다. 2012년 비혼 여성주의자, 의료인, 은평구 주민 300여 명이 '안심하고 나이들 수 있는 마을'을 위해 살림의료사협을 창립했다. 2012년 가정의학과인 살림의원을 시작으로 2013년 다짐건강센터, 2016년 살림치과까지 조합원 출자를 받아 빚 없이 개원했다. 조합원끼리는 나이, 결혼 여부, 성별 정체성과 성적 지향에 대해 묻지 않는다. 여성주의는 살림의료사협이 공유하는 가치다. 차별과 혐오 없는 진료실을 찾아 살림의원으로 내원하는 타 지역

조합원도 늘고 있다. 올해로 10년째, 조합원 숫자는 3400여 명, 출자금은 20억여 원에 이른다.

서울 지하철 6호선 구산역을 나오자 11층짜리 건물에 '살림의원·치과·운동센터'라고 적힌 글자가 한눈에 들어왔다. 목 좋은 자리를 의도했던 건 아니다. 100군데 넘는 부동산을 봤지만 휠체어로 진입 가능한 건물이 이곳밖에 없었다. '눈에 보이는 계단이나 문턱에서부터 눈에 보이지 않는 차별까지, 진입을 망설이게 할 법한 것들을 줄이는 노력이 필요하다.' 살림의료사협 주치의 추혜인 원장의 에세이 〈왕진 가방 속의 페미니즘〉(심플라이프, 2020)에 나오는 이야기다. 살림의료사협은 누구나 올 수 있는 병원을 지향한다. 임대료를 내기 위해 조합원들이 십시일반 출자금을 더 모았다.

엘리베이터가 열리자 진료를 기다리는 이들로 북적였다. 한쪽 벽면에 '기계가 아니라 관계로 건강해진다'는 문구가 보였다. 유여원 살림의료사협 상무는 이 문구를 '살림의 스피릿(정신)'이라고 소개한다. 병원은 물리적 공간일 뿐이다. 더 중요한 건 의료인·환자·조합원과 지역 주민이 만나고 연결되는 일이다. 너무 춥거나 더울 때 안부를 확인할 사람이 주변에 있나, 끼니를 챙길 여력이 되나, 지역사회에서 고립돼 있지는 않나…. 의사가 병을 치료한다면 병을 예방하고 회복하는 데는 이런 돌봄이 필요하다. 그래서 살림의료사협의 정관은 '여성들에게 떠넘겨지고 평가절하되어온 돌봄은 모두가 정의롭게 나누어 질 노동이자 기꺼이 참여할 가치가 있는 권리'라고 말한다.

살림의료사협 조합원인 손지영 씨(가명)는 비혼 1인 가구로 산다. 부모님과 친한 친구들 모두 타지에 있어 아플 때가 가장 걱정이었다. “제가 다쳤을 때 10분 이내에 달려와줄 수 있는 그런 관계들이 필요한 거잖아요.” 매주 독서모임에서 만나던 조합원들끼리 ‘서로 돌봐주자’고 말하곤 했는데 최근 그 말이 실제가 되었다. 같은 모임에 참여하던 이웃 한 명이 항암치료를 받기 시작했다. 1인 가구인 그를 위해 조합원들이 순번을 짜서 돌보고 있다. 말벗, 반찬, 약 타오기, 산책, 청소 등 각자가 잘하는 분야를 나눠서 맡았다. 장미옥 씨(56)는 ‘항암치료를 받으면 입맛이 없다’는 이야기를 듣고 매실장아찌와 물김치를 해다 주었다. “여든 살이 되어도 지금처럼 같이 책 읽고 노래 부르고 서로 돌보면서 늙어가면 나이 드는 게 좀 덜 두려워지지 않을까?” 조합원들과 농담 반 진담 반으로 나눈 말이다.

내가 마지막까지 지키고 싶은 것은 무엇인가

장미옥 씨는 지난해 사전연명의료의향서를 썼다. 살림의료사협이 사전연명의료 등록기관으로 지정된 이후 조합원들을 대상으로 관련 교육을 제공한다. “친정아버지가 2년 전에 돌아가셨어요. 병상에 누워 있는 아버지에게 연명치료를 하고 싶은지 못 물어보겠더라고요.” 사전연명의료의향서나 연명의료계획서를 작성한다고 해도 실제 임종기를 판단하기 어렵고 가족들의 거센 반발에 부딪히기도 한다. 인공호흡기를 다냐 마냐, 콧줄을 끼냐 마냐를 두고 자녀들끼리 언성이 높아지는 경우도 장씨는 종종 봤다. 장씨의 아버지는 요양병원에 3개월 입원해 있다 세상을 떠났다. 그 후로 장씨는 자신의 죽음에 대해 미리 결정해두고 싶었다.

사전연명의료의향서를 쓴다는 건 ‘연명치료를 받지 않겠다’는 선언 이상이다. 어떻게 말기를 보내고 싶은지, 누구의 돌봄을 받고 싶은지 등 죽음에 대한 이야기를 나눌 관계가 필요했다. 장미옥 씨는 모임에서 만난 친구들과 교육을 받았다. 가족에게 자신의 노후를 떠맡기고 싶지 않았다. "가족 간병을 여성들이 전담하다시피 하는데 막상 그들이 돌봄을 받아야 하는 상황이 오면 해결이 안 되거든요. 돌봄을 받는 것도 준비와 연습이 필요한 것 같아요."

임종을 앞두고 '나에겐 말하는 것과 먹는 것 중 어떤 게 더 중요한가'라는 질문을 마주할 수도 있다. 유언장이 아닌 '돌봄장'이 필요하다. 장미옥 씨는 교육을 받으며 '내가 마지막까지 지키고 싶은 것은 무엇인가' 하는 낯선 질문에 대해 생각했다. '나는 대소변은 끝까지 남에게 맡기고 싶지 않다' '콧줄은 절대 끼고 싶지 않다' '음식은 끝까지 내가 삼키고 싶다'처럼 각자가 지키고 싶은 존엄한 죽음의 모습은 모두 달랐다. "나중에 치매에 걸리면 이런 음악을 들려주세요, 목욕은 며칠에 한 번만 시켜주세요…. 이런 말을 주변에다 미리 해두고 싶어요. 고독사 이전에 고독생이 있는 거거든요."

아무도 그곳을 병원이라고 부르지 않는다 나경희

서울 강북 건강의집 의원

아파트 주차장에 차를 댄 김창오 씨가 어디론가 전화를 걸었다.

"어머니, 우리 왔는데 안 보이시네?"

휴대폰 너머로 다급한 목소리가 들렸다.

"아이고, 지금 가고 있어!"

"얼마나 걸리셔요?"

"몰라, 이제 곧, 금방…. 바빠?"

김창오 씨가 옅은 웃음을 지었다.

"아~니. 천천히 오셔요, 우리 주차장에서 기다리고 있을게."

그가 운전석에 앉아 복도식 아파트를 올려다봤다.

"여기가 아마 한국 최초의 영구임대아파트일 거예요."

서울 강북구 번동 주공아파트 단지. 의사가 환자를 찾아가는 국내 최초의 방문진료 전문 의료기관 '건강의집 의원'이 같은 강북구 번동에 위치한 건 우연이 아니다. 강북구는 2018년 기준 서울시 25개 자치구에서 장애인 인구 비율(5.4%)이 가장 높은 지역이고, 그 옆 노원구는 임대아파트가 가장 많은 자치구다. 김창오 씨와 함께 건강의집 의원을 운영하는 홍종원 씨는 건강의집 의원 사무실 위치를 결정할 때 이러한 요소를 중요하게 고려했다고 말했다.

사람들은 건강의집 의원을 '병원'이라고 부르지 않는다. 실제 의사가 진료를 보는 장소는 환자의 집이다. 한국 사회에서 환자가 병원에서 진료 순번을 기다리는 모습은 익숙하지만, 거꾸로 의사가 환자 집을 찾아가 기다리는 장면은 낯설다. 홍종원·김창오 씨는 그 풍경 속에 있는 의사들이다.

의사가 저렇게 놀아도 되나

큰 가방을 메고 초인종을 누르는 낯선 의사의 모습을 보고 있자면 '의료서비스'라는 단어에서 유난히 '서비스'라는 단어가 크게 보인다. 그러다 의사가 환자의 집에도 들어가지 못하고 15분째 주차장에서 차 시동을 켜놓고 기다리는 모습을 보고 있으면 슬슬 걱정된다. 의사가 저렇게 놀아도(?) 되나. 15분이면 적어도 환자 5명은 봤을 텐데. 게다가 의사 두 명이면 30분인데. 30분이면 환자가 10명인데. '아니 지금 이게 얼마야….' 머릿속으로 계산기가 돌아갔다.

의사 두 명이 환자 한 명의 집을 방문하는 것은 비효율적이지 않느냐는 질문에 김창오 씨가 대답했다. "효율을 따지려면 애초에 방문진료를 하지 말았어야죠." 의사 둘은 물론이고 간호사까지 세 명이서 한 집을 방문하는 경우도 종종 있다. 함께 다니면 서로 보지 못한 부분, 생각하지 못한 부분까지 꼼꼼하게 잡아낼 수 있다. 각자 전담하는 환자가 정해져 있지만 상대가 맡고 있는 환자까지 대부분 알고 지낸다.

한영학 할머니(85)는 김창오 씨의 환자이지만 홍종원 씨의 환자이기도 하다. 지팡이를 짚고 아파트 입구를 들어선 한 할머니는 멀리서 손을 흔드는 두 의사를 알아보고 그제야 허리를 폈다. 김창오 씨는 반갑게 인사하면서 동시에 할머니의 숨소리를 체크했다. "요새 숨차하시던데 오늘은 좀 낫네." 두 의사는 할머니가 평소와 다름없이 열쇠로 문을 잘 여는지도 주의 깊게 지켜봤다.

12평(39m²) 남짓한 집 거실에 두세 명이 들어서니 꽉 찼다. 그러나 얼마 전 63년을 함께 산 남편이 세상을 떠난 할머니에게는 이 집이 견딜 수 없이 넓다. 남편은 치매를 앓고 있었고, 거동을 하지 못해 누워 지냈다. 김창오 씨가 주치의로서 그의 임종을 지켰다. 코로나19 때문에 해외에 사는 자녀들은 곧바로 입국할 수 없었다. 이제 혼자가 된 한 할머니의 집을 찾아오는 유일한 사람은 건강의집 의원 의료진뿐이다.

할머니가 가장 큰 허전함을 느끼는 순간은 혼자 밥 먹을 때다. 할머니는 물 한 잔을 마시더라도 똑같이 컵에 물을 떠서 남편 사진 앞에 빨대를 꽂아둔다. “안 할래야 안 할 수가 없어. 정신이 멀쩡한 때는 우유도 나보고 먼저 마시랬거든. 내가 ‘우유 하나 더 사서 먹을까요’ 하면 장례 치를 돈 없애면 안 된다고, 아껴야 된다고 그래서 우유 하나 가지고 둘이 나눠 먹었는데.” 혼자 잠드는 것도 영 견디지 못할 일이다. “영감이 원래 여기 누워 있었거든. 자꾸 봐지고 만져지고. 약(수면제)을 안 먹으면 미치겠더라고.” 김창오 씨는 이틀에 한 번꼴로 찾아와 할머니에게 수면제 부작용은 없는지, 도움이 필요한 일은 없는지 살피고 있다.

할머니는 일부러 남편의 죽음을 이웃에게 알리지 않았다. “내가 텃밭에 앉아서 뭘 심고 있으면 지나가던 남자들이 불러. ‘아줌마, 시간 있으면 가서 나랑 술 한잔합시다’ 그래. 내가 따귀를 치려고 벌떡 일어나서 ‘뭐 어째? 당신 몇 살이야? 내가 당신 어머니뻘이야’ 하면 ‘아 그래요?’ 하고 아래위로 쳐다보고 간다니까.” 할머니는 친한 친구 몇몇에게만 전화로 조용히 남편의 부고를 알렸다. 매일 인사하는 아파트 경비원에게도 말하지 않았다. “남자들이 얕볼까 봐. 왜 영감 안 보이냐고 하면 요양원 데려다 뒀다고 해야지."

할아버지는 집에서 죽고, 할머니는 요양원에서 죽는다

부부 금슬이 마냥 좋았던 건 아니다. "젊었을 때 성격이 난폭했지. 늙어서야 좀 나를 생각하고. 내가 어디 도망갈까 봐. 내가 가버리면 자기는 요양원 가야 되잖아." 주변에서는 다들 남편을 요양원에 보내라고 말했지만 '불쌍해서' 차마 보낼 수 없었다. "친정 엄마가 아버지 편찮으셨을 때, 택시에도 안 태우고 구루마(수레)에 이불 깔고 모시고 병원 다녔어요." 할머니의 머릿속에 남아 있는 '돌봄'의 이미지는 지극하고 헌신적이었다. 하지만 친정 엄마도 그 자신은 편안한 돌봄을 제공받지 못한 채 말년에 자식들의 집을 떠돌아야 했다. 할머니 역시 여든이 넘은 나이에 오른팔에 '알통'이 생길 정도로 헌신적으로 남편을 돌봤지만, 정작 자신을 돌봐줄 사람은 없는 상황이다. 홀로 남은 그가 거동이 불편해지면 갈 수 있는 곳은 요양시설뿐이다.

할머니가 거실 한편에 있는 큼직한 운동기구를 가리켰다. "영감 있을 때는 쓰지도 못했어. 영감은 아픈데 나 혼자 살려고 운동하는 거 같아서." 남편이 떠나 허전한 자리에는 470만 원 주고 샀던 운동기구만 덩그러니 남았다. "일제라서 피순환도 되고 혈압도 조정된대." 5년 전 방문판매원이 했던 말이다. 할머니는 요새 하루도 거르지 않고 운동을 한다.

"할아버지가 아팠을 때 할머니가 돌봤잖아요. 이제 할머니가 아프면 누가 돌봐요?" 운동기구가 얼마나 좋은지 한창 자랑하던 할머니가 문득 말을 멈췄다. "없지. 아무도 없지. 여기에 누가 있어." 할아버지는 집에서 죽고, 할머니는 요양원에서 죽는다. 안 오던 잠도 오게 해주고 숨소리에서 나던 색색거림도 멈추게 해준 김창오 씨에게도 뾰족한 수가 없다. 기력이 다할 때까지 가족들을 돌보던 여성은 또 다른 여성으로부터 돌봄서비스를 '구입'해야만 한다.

노쇠하고 쇠약해졌을 때 결국 남은 건 요양원 혹은 병원에서 홀로 맞는 죽음뿐일까. 홍종원 씨는 '건강'이라는 개념을 돌봄의 관점에서 재정의했다. "주변 사람들과 좋은 관계를 차근차근 잘 맺어놓으면 그들이 나를 도와주고 돌봐줄 수 있어요. 비록 그게 가족이 아닐지라도요. 거꾸로 내가 누군가에게 그런 존재가 되어줄 수도 있고요. 결국 우리는 건강한 관계 속에서 건강하게 살아갈 수 있는 거죠. 곁에서 돌보는 사람들이 우리를 살아가게 할 거예요. 그 삶이 아플 수도 있고 고통스러울 수도 있고 힘겨울 수도 있고 희망이 없어보일 수도 있지만 우리는 살아가야 하고, 실제로 살아갈 수 있어야 건강한 거죠. 그렇다면 거기서 의사의 역할이 무엇일까 다시 생각해볼 수 있고요."

"질병은 삶의 아주 작은 부분이니까요"

홍종원 씨는 의대를 다니면서 방문진료 봉사를 했던 경험을 '평범한' 커리어에서 어긋나기 시작한 첫 기억으로 꼽는다. "여기는 병원이 아닌데 아픈 사람이 있네? 놀랐죠. 의사가 뭘 하는 사람인지는 몰라도 환자가 병원에만 있는 건 아니라는 걸 그때 깨달았어요." 그는 요즘도 자주 그때를 떠올린다. 지금 보는 환자도 비슷하기 때문이다. 치료를 해서 눈에 띄게 좋아질 거라는 기대를 하지 않는 사람들. 노쇠나 장애는 되돌릴 수 없는 영구적인 손상이다. "그 앞에서 의사가 선택할 수 있는 건 두 가지예요. 하나는

'이런 환자는 안 만나야지.' 왜냐면 의사로서 뭔가 해줄 수 있는 게 없으면 무력하잖아요. 다른 하나는 '그래도 뭐라도 해봐야지.' 이분들은 이 상태에서 살아갈 권리가 있으니까요."

의대를 졸업한 홍씨는 건강의집 의원 사무실이 위치한 동네에서 5~6년간 지역활동가로 먼저 활동했다. 마을 축제를 열고, 청년주택을 지었다. 그러던 중 2018년 5월 몸이 불편해 외출이 어려운 환자를 위해 의사가 집으로 찾아가는 '장애인 건강주치의 제도'가 시작됐다는 소식을 들었다. 병원 밖 환자를 위한 병원을 만들어볼 수 있는 기회였다. 평소 알고 지내던 김창오 씨에게 넌지시 의사를 물었다.

김창오 씨는 2000년 의대를 졸업했다. 의약분업 반대 투쟁이 한창이던 때였다. 모든 동료 의사가 병원 밖으로 뛰쳐나갈 때 그는 홀로 병원에 남는 걸 택했다. 그 일로 병원 내 '왕따'가 됐다. 병원을 그만두고 보건소에서 방문진료를 나가며 석·박사 논문을 준비했다. 전공은 사회복지학이었다. "사실 방문진료할 때 병 자체에 대한 이야기는 별로 안 해요. 질병은 삶의 아주 작은 부분이니까요. 병원 진료실에 있으면 모든 게 차단돼 있으니 질병이 크게 보이는 거고, 환자 집에 가면 다른 장면들이 보이니까 질병이 작아 보이는 거죠. 대부분의 환자들이 직면하고 있는 더 큰 문제는 빈곤이에요." 그의 관점에서 치료란 질병과의 싸움에서 이기고 지는 '승패'의 문제가 아니다. 고통과 함께 살아가는 환자와 함께 있어주는 '존재'가 있냐 없냐의 문제다. "의사면허는 내가 감히 그들의 곁에 다가갈 수 있는 면허증이죠. 고통을 조금이나마 줄여줄 수 있는 약이나 시술을 할 수 있는 것일 뿐이고요."

장애인 주치의 사업이 시작된 뒤 뜻이 맞는 홍종원 씨와 매주 만나 아이디어를 나눴다. "당시만 해도 방문진료는 봉사활동이거나 보건소 사업이었거든요. 이 제도가 생겨도 아무도 안 할 거라는 생각이 들었어요. 홍종원 씨한테 '병원 진료라면 몰라도 이 일은 우리가 잘할 수 있지 않겠냐'고 했죠. 같은 생각이었어요." 2019년 3월 13일, 건강의집 의원이 문을 열었다. 그해 12월 '왕진수가 시범사업'이 시작된 이후로는 보다 다양한 환자를 받기 시작했다. 이전에는 왕진을 해도 일반 진료비와 같은 금액만 받을 수 있었지만, 시범사업이 시작된 이후로는 왕진으로도 지속 가능한 수준의 진료비를 받을 수 있게 됐다.

보호자의 건강도 진료 대상

2020년 기준 건강의집 의원에 등록된 환자는 약 150여 명이다. 환자들이 건강의집 의원을 찾게 된 경로는 각기 다르다. 장애인복지관이나 사회복지관, 보건소, 동주민센터 등 기관에서 주기적인 진료가 필요해 의뢰된 경우도 있고, 간병사나 요양보호사, 동네 이웃으로부터 이런 의사가 있다더라는 '소문'을 듣고 개인이 직접 찾아온 경우도 있다.

방문진료 특성상 거리가 너무 먼 곳은 왕진을 가기 어렵다. 환자 대부분은 사무실이 위치한 강북구 혹은 인근 노원구·성북구·도봉구 주민이다. 네비게이션 앱 화면에는 점점이 표시된 곳으로 빼곡했다. 환자가 사는 집의 위치를 빨리 찾을 수 있도록 입력해둔 기록이다. 두 의사는 환자 집 주변의 주차 공간까지 골목골목 꿰고 있다. 왕진을 다니면 자연스럽게 어디에서 무슨 공사를 하는지, 어떤 시설이 들어오고 나가는지 확인할 수 있다. 환자에게 '공사 중이던데 넘어지지 않게 조심하시라' '이런 시설이 있던데 한번 이용해보시라'고 권해주기도 한다.

다세대주택에 사는 조성배 씨(94)는 7~8년 전부터 치매와 파킨슨증후군을 앓고 있다. 1년 반 전 침대에서 내려오다 다리가 부러진 이후로는 거동을 할 수 없어 하루 종일 누워 지낸다. 그의 딸 조원숙 씨(58)가 24시간 곁에서 간병을 한다. 그는 요즘 아버지의 소화력이 떨어졌다며 변의 묽기부터 식단의 변화까지 의료진에게 자세히 설명했다. "이틀 전부터 물기 많은 변을 보셔서 소고기 섭취를 줄이고 계란 노른자를 부드럽게 해서 드렸어요. 아버지가 '오늘은 엉터리야' 하시더라고요. 씹을 게 없다는 거지."

환자 집에 들어간 의사들은 진료를 서두르지 않는다. 환자 혹은 환자를 돌보는 사람의 입에서 '혈압'이라는 단어가 나오면 그제야 혈압계를 꺼내고, '숨이 가쁘다'라는 말이 나오면 그때 청진기를 꺼내는 식이다. 체온과 혈압, 당뇨까지 체크한 뒤 모든 게 정상이라는 걸 확인하고서도 두 의사는 짐을 챙기지 않고 딸에게 아버지의 일상을 물었다.

거동이 불가능한 아버지의 일상은 곧 그를 돌보는 딸의 일상이기도 하다. 방문진료 의사에게는 환자의 건강 자체도 중요하지만, 환자를 돌보는 보호자의 건강도 그에 못지않게 중요하다. 처음 방문진료를 나가는 집에서 가장 먼저 확인하는 것도 돌봄 제공자가 있는지와 전반적인 돌봄 환경이다. 조원숙 씨처럼 하루 24시간 아버지를 돌보느라 집 밖을 나갈 수 없는 사람에게는 이런 방문의료서비스가 절실하다. "병원 한번 가려면 시간 빼야지, 기저귀며 담요며 몽땅 챙겨 가야지, 사설 119 불러야지, 좁은 간이침대에서 몇 시간 동안 기다려야지, 기다리다 기저귀에 변이라도 보시면 애도 아니라 어디 갈아줄 곳도 없지… 정말 내가 죽겠더라고요." 사실 그의 아버지는 병원에 자주 갈 필요가 없는 환자다. 약물이나 수술을 통해 다시 건강해질 확률이 낮은, 고령의 만성질환자이기 때문이다.

처음 구급차를 타고 병원에 간 날 조원숙 씨는 남들은 미처 알아차리지도 못할 만큼 사소한 부분에서 가장 큰 충격을 받았다. "119를 부르면 집 안까지 신발을 신고 들어오더라고요. 그 사람들이 신발을 신고 벗고 할 겨를이 없으니까. 그때는 그걸 몰랐어." 생전 처음 보는 사람이 흙 묻은 신발을 신고 우르르 안방에 들어서는 장면을 그는 오래도록 잊지 못한다. 다른 곳에 아버지를 맡길 수 없다는 생각이 강해졌다.

딸이 아버지를 집에서 모실 수 있는 건 그나마 환자의 혈압이나 맥박이 안정적이기 때문이다. 그는 아버지를 돌보는 일이 '할 만하다'고 강조했다. 이때 '할 만하다'라는 건 아버지를 요양병원에 입원시켰을 때 자신이 느낄 죄책감에 비해 '할 만하다'는 의미다. "내가 집에서 온종일 이렇게 신경을 써도 밤에 알람 소리 한 번 놓치면 기저귀는 다 젖고 욕창이 나요."

김창오 씨는 만성적인 질병과 고통, 돌봄 속에서 살아가는 사람들이 일상을 유지하기 위해 들이는 노력이 결코 수험생이나 대기업 회사원의 노력에 비해 뒤지지 않는다고 말한다. 조원숙 씨도 맞장구를 쳤다. "모르는 사람들은 내가 혼자 심심할 것 같다지만 그럴 틈이 어딨어요. 아버지가 주무실 때만 집을 나갈 수 있거든. 그때 얼른 장봐야지, 은행도 다녀오고 동사무소도 다녀와야지, 반찬 만들어야지, 두 시간마다 자세 바꿔드려야지, 기저귀 갈아드려야지 그때마다 씻겨드려야지…. 밤에도 두 시간마다 알람 맞춰놓고 일어나서 자세를 바꿔드려요."

두 의사는 조원숙 씨의 '간병 노하우'를 듣는 동안 한 번도 말을 끊지 않았다. 아버지가 삶을 견디는 고통에 대해서도, 딸이 그런 아버지를 간병하는 고통에 대해서도 함부로 추측하거나 평가하지 않았다. "약도 쓰고 처치도 해서 고통을 덜어드리고 싶죠. 그런데 오랜 시간 고통 속에서 장애와 함께 살아온 분들 혹은 자기 생의 끝을 알고 살아가는 사람들은 저희랑 다른 생각을 가지고 있어요. 그분들에게는 이게 삶이고 현실이에요. 이 상태가 침해되지 않아야 하고 존중받아야 하는 거고요." 김창오 씨가 말했다. "오히려 우리가 생각하는 '건강'이라는 개념이 왜곡돼 있는 거 같아요. 아파도, 희망이 없어 보여도 우리는 살아가야 하고 또 살아갈 수 있어야 건강한 것이거든요." 홍종원 씨가 덧붙였다.

기울어진 권력 관계를 재조정하는 실험실

김창덕 씨(74)는 가족 없이 홀로 지낸 지 오래된 전형적인 독거노인이다. 보건소에서 건강의집에 김씨의 정기적인 진료를 의뢰해 방문진료를 받기 시작했다. 불규칙적인 식사와 잦은 음주로 한때 당 수치가 500~600을 넘나들었다. 병원에도 입원했지만 '답답해서' 그냥 나와버렸다. "수술을 받으러 병원에 입원하면 오히려 저한테 더 자주 전화하는 환자분도 있어요. 담당 의사한테는 말하지 못한 이야기를 저한테 다 쏟아놓으시는 거죠. 그때마다 '선생님이 어련히 잘 해주셨을 거예요'라고 다독이느라 진땀을 빼요." 홍종원 씨의 말이다. 환자가 의사에게 직접 전화를 할 수 있다는 사실도 놀랍다. 건강의집은 단순히 방문진료만 하는 곳이 아니다. 의료서비스에서 의사와 환자 간 기울어진 권력 관계를 재조정하는 실험실이기도 하다.

건강의집에서 방문진료 서비스를 받은 뒤에도 김창덕 씨의 건강은 쉽게 좋아지지 않았다. "알고 보니 처방전을 받으시고도 약국에서 약을 못 타오고 계셨던 거예요. '우리 약국에 그런 약 없다'고 하면 약을 주문해달라고 말해야 되는데 이분이 워낙 무뚝뚝하시거든요. 매번 그 말씀을 못 하시고 그냥 나와버린 거예요." 결국 김창오 씨가 환자 집 근처의 약국을 일일이 돌아다니며 어디서 약을 받을 수 있는지 확인해 알려주었다. 물론 약을 받고도 제때 먹는 걸 깜빡한 적도 잦았다. 환자의 동네에 어떤 약국이 있는지, 환자 침대 머리맡에는 약봉투가 얼마큼 쌓여 있는지는 직접 두 발로, 두 눈으로 확인해야만 알 수 있다. 방문진료 의사에게는 질병 그 자체도 중요하지만 환자가 어떤 공간에서 어떤 일과를 보내며 살아가는지 총체적으로 살피는 것도 중요하다.

독거노인에게 가장 고역은 '제때 챙겨먹는 일'이다. 약은 물론 삼시 세끼를 먹는 일도 쉽지 않다. 독거노인을 진료할 때 김창오 씨가 가장 신경 쓰는 부분 중 하나도 식사다.

"식사 잘 하시죠?"

"아휴, 끼니 고민이 제일 힘들어."

"요새는 하루에 계란 몇 개 드세요?"

"한 세 개. 계란 먹고 싶으면 커피에다 타서 먹기도 하고."

"어르신표 영양 커피네. 잘하셨어요. 그렇게라도 꼭 드셔야 해요. 두부는 그냥 숟가락으로 떠서 드셔도 되니까 계란이 질리면 두부도 드셔보시고요."

휴대용 혈당검사기로 당 수치를 확인하던 홍종원 씨가 덧붙였다.

"지난번 보건소에서 왔을 때 영양캔 좀 더 달라고 하시지."

"얘기 안 했어."

"우리가 한번 이야기해볼게요."

진료를 마치고 나설 무렵 김창덕 씨의 휴대전화 벨소리가 크게 울렸다. 통화 음량을 최대치로 설정해놓은 탓에 상대방의 목소리가 또렷이 들렸다. '지난번 무료로 보내준 관절약을 싸게 살 수 있는 기회가 있다'는 내용의 홍보 전화였다. 김창오 씨가 손을 내저으며 "아버님, 돈 나가는 건 하지 마세요. 처음에는 다 무료로 준다고 해놓고는 나중에 돈 들어가요"라고 거듭 당부했다. 독거노인이 사는 집 안 풍경은 비슷하다. 집 안 한구석 어딘가에 비싸게 주고 산 건강보조식품이나 운동기구가 빛 바랜 채 놓여 있다. "삶이라는 게 참 가혹한 거 같아요. 인간뿐만 아니라 생명이라는 존재 자체가 가혹한 환경에서 잠시 유지되는 거잖아요. 유지하는 과정에 노력이 들고 에너지가 들고요. 때때로 무력감에 빠질 때가 있어요." 그럼에도 두 의사는 '좋은 의사'가 되기를 포기하지 않는다. 김창오 씨가 말했다. "좋은 의사가 뭘까요. 아플 때 제일 먼저 생각나서 전화하는 사람, 그 사람이 좋은 의사가 아닐까요. 저는 그런 의사라면 만족할 거예요."

커뮤니티케어, 병원에서 지역으로

김영화 ▪
임종한 •

2020년 10월 27일(화)

인천 중구 인하대병원

2025년 한국 사회는 초고령사회로 진입한다. 65세 이상 인구가 전체 인구의 20.3%를 차지할 것으로 예측되는 해다. OECD 노인 빈곤율과 노인 자살률 1위라는 멍에를 가지고 있는 이곳에서 우리는 2025년을 맞을 준비가 되어 있을까. 커뮤니티케어(지역사회 통합돌봄) 사업은 정부의 응답이었다. 핵심은 말기 돌봄의 장소를 '병원에서 지역으로' 전환하는 것이다. 2019년 6월 노인·장애인·정신질환자를 대상으로 하는 1차 선도사업으로 광주 서구, 경기 부천, 충남 천안 등 8개 지자체가 시행 중이고, 9월에 부산 북구, 충북 진천군, 전남 순천시 등 8개 지자체를 2차 선도사업지로 추가 선정했다. 초고령사회 진입 이듬해인 2026년부터는 전국적으로 보편화될 계획이다.

노후 준비가 막막하다는 얘기는 많아도 커뮤니티케어라는 이름은 생소하다. 커뮤니티케어란 무엇이고, 어디까지 왔을까. 한국커뮤니티케어보건의료협의회(이하 협의회) 임종한 상임대표(인하대병원 직업환경의학과 교수)를 만났다. 한국호스피스완화의료학회·한국일차보건의료학회 등 21개 보건의료단체로 이뤄진 협의회는 정부 주도의 톱다운 방식만으로는 지역사회 내에 복지 자원들이 촘촘히 연결되기가 어렵다는 문제의식 아래 2018년 10월 25일 창립되었다. 임종한 대표는 커뮤니티케어가 잘 안착하지 못하면 건강과 죽음의 불평등이 더 심해질 것이라고 우려했다.

■ **김영화** '커뮤니티케어'에 대해 모르는 시민이 여전히 많습니다.

● **임종한** 어르신들이 입버릇처럼 하는 말 중에 '집에서 죽고 싶다'는 말이 있죠. 인구의 15.7%가 65세 이상 노인이지만 정작 집에는 노인을 돌볼 사람이 없어요. 상황이 여의치 않아서 대부분 요양병원이나 요양원을 선택하잖아요. 어르신 중에는 '가족들이 나를 버렸다'고 생각해 우울증에 걸리는 경우도 있고, 치매 환자의 경우 낯선 환경에 오래 있으면서 예후가 점점 나빠지기도 합니다. 노인만의 이야기가 아니라 정신장애인, 만성질환자에게도 해당됩니다. 돌볼 사람이 없어서 병원에 맡겨지는 '사회적 입원'을 최소화하고 자기가 살던 곳에서 적절히 돌봄을 받다가 생을 마감할 수 있도록 지역사회에 통합 돌봄체계를 만들자는 게 커뮤니티케어의 취지입니다.

■ **김영화** 취약계층을 대상으로 한 복지정책들이 그동안 없지 않았는데, 어떤 차이가 있습니까?

● **임종한** 기존 정책은 복지·보건·주거·돌봄서비스들이 분절되어 있죠. 주거는 실버주택에서, 요양은 노인장기요양보험에서, 의료는 보건소에서, 돌봄은 사회복지관에서 따로따로. 그러다 보니 어디서 어떤 서비스를 받을 수 있는지 한눈에 파악하는 체계가 없습니다. 예를 들어 거동이 불편한 노인에게 방문진료(의료), 반찬 지원(돌봄), 주거 개선 등의 서비스가 통합적으로 연계된다면 굳이 시설에 입원할 필요가 없지 않을까요. 지금은 정보를 찾으려면 가족이 이리 뛰고 저리 뛰어야 하는데, 경제적 여력이 없는 가족들은 엄두도 못 내는 형편이죠. 돌봄이 필

요한 사람이 고립되거나 돌보는 사람이 고립되는 구조예요.

■ **김영화** 한국커뮤니티케어보건의료협의회는 어떤 문제의식에서 출범했나요?

● **임종한** 보건복지부에서 커뮤니티케어를 기획할 때 지자체의 복지 담당 공무원들이 주로 담당하다 보니 행정 인력 늘리고, 복지 인프라 늘리는 데만 관심이 있었어요. 커뮤니티케어는 복지만 필요한 게 아닙니다. 의료, 주거, 돌봄 다 필요해요. 그런데 지역 주민을 어떻게 참여시킬지, 보건 전문가들을 어떻게 연계시킬지 이런 고민이 약해 보였습니다. 한국커뮤니티케어보건의료협의회는 보건 전문가들을 주축으로 커뮤니티케어를 구상해보자는 취지에서 만들어졌어요. 지역사회에 흩어진 보건·복지·의료 자원들을 어떻게 유기적으로 연계할지 고민하고 있습니다.

■ **김영화** 커뮤니티케어 시범사업이 시작된 지 1년 반 정도 지났는데(2020년 기준), 현장에서는 변화를 체감하고 있나요?

● **임종한** 여전히 자원이 뿔뿔이 흩어져 있습니다. 커뮤니티케어를 오케스트라에 비유한다면 지휘자 구실을 할 사람이 필요해요. 어르신 건강을 파악하고 '이런 서비스가 있어요' 하고 복지관이나 병원, 구청으로 연계해줄 수 있는 코디네이터 역할이죠. 주치의나 방문간호사처럼 건강을 포괄적으로 평가할 사람이 있어야 합니다. 지금 정부가 주도하는 커뮤니티케어 사업에서는 이런 역할에 대한 고려가 많이 부족해 보입니다.

▪ 김영화 정부 주도 '톱다운' 방식의 한계일까요?

● 임종한 정부의 사업 진행방식을 보면 아직도 권위주의적인 태도가 자주 관찰됩니다. 복지를 받을 자격조건이 되는지 묻고 일렬로 줄 세우는 식이죠. 커뮤니티케어를 하겠다는 것은 누구나 소외되지 않고 보호받을 수 있게끔 한다는 취지잖아요. 엄청난 양의 서비스가 필요해요. 결국 이런 인적·물적 자원은 지역사회에서 나올 수밖에 없습니다. 행정기관 중심으로는 커뮤니티케어의 양적·질적 달성이 불가능하거든요. 지역사회가 갖고 있는 돌봄의 잠재 역량을 극대화해야만 이 문제를 해결할 수 있다고 생각합니다.

▪ 김영화 건강을 포괄적으로 평가한다는 것은 어떤 의미인가요?

● 임종한 예를 들어 어떤 어르신이 자꾸 천식이 생긴다고 해봅시다. 원인을 보려면 어르신 집에 가봐야 합니다. 천식을 유발하는 요인 중에 곰팡이 입자가 기도를 자극하는 경우가 있거든요. 집에 통풍은 잘 되는지, 끼니는 잘 챙겨드시는지. 잘 못 먹는다고 하면 치아가 안 좋아서인지, 챙겨주는 사람이 없어서인지 등 여러 상황을 살펴봐야 '주거환경 개선이 필요하다'든가 '끼니를 챙겨줘야 한다' 등의 적절한 판단을 해줄 수 있죠. 천식이니까 천식약만 주는 건 원인을 찾지 못한 해법입니다.

▪ 김영화 예기치 않은 코로나19 유행으로 방문 자체가 어려워졌습니다.

● 임종한 오히려 커뮤니티케어의 중요성이 더욱 부각된 계기가 된 것 같습니다. 거점 구실을 해왔던 복지관들이 문을

닫으면서 방문에 대한 요구가 커졌어요. 이웃이 어떤 상황인지 파악하고 돌볼 수 있는 사람들은 결국 지역 주민입니다. 집집마다 돌아다니면서 안부를 묻고 사각지대를 발굴해야 하는데, 누가 이런 일을 할 수 있을까요. 왕진하는 의사, 방문간호사, 사회복지사 다 필요한데 지금 보건소도 간호사를 1년 계약직으로 뽑고 있습니다. '톱다운' 방식으로는 복지관과 구청에 업무 부하가 발생할 뿐이죠. 사회적 돌봄에 대한 요구는 빗발치는데 정부가 투입하는 예산과 인력은 턱없이 부족합니다. 결국 지역 주민들이 참여하지 않으면 불가능한 게 현실입니다.

돌봄이 직업이 될 때

김호성 ■
송병기 ●
김인경 ▲
문명순 ◆

2020년 10월 18일(일)

서울 서대문구 연남동 세미나실

병원 다인실 보호자 침대에 누워본 사람은 직감한다. 좁고 짧고 딱딱한 이 침대야말로 '골병으로 가는 지름길'임을. 간병사는 그 침대에 자신의 삶 일부를 위탁한다. 이들의 고용기간은 대개 환자의 생명에 달렸다. 환자의 죽음 가장 가까운 곳에, 늙은 여성의 노동력이 고인다. 하지만 이들의 '돌봄노동'에서 노동은 언제나 괄호 안에 갇혀 있다. 그사이 환자 가족은 병원비에 추가되는 간병비 마련에 골머리를 앓는다. 간병비 급여화가 수십 년째 대안으로 이야기되지만 여러모로 문제가 간단치만은 않다. 무엇보다 간병은 건강보험 급여 대상(예방·재활·입원·간호)이 아니기 때문에 관련 법 개정이 필요하다. 이 스산한 풍경의 목격자들은 '자식에게 폐 끼치지 않는 것'을 죽음의 목표로 삼는다. 노화와 죽음에 대한 터부가 그 위에서 싹튼다.

가정호스피스 전담 간호사인 김인경 씨(가톨릭대학교 서울성모병원 호스피스완화의료센터)는 환자 집을 방문할 때 간병사와 요양보호사 교육도 담당한다. 환자를 전담해 돌보는 간병사의 육체적·정신적 건강은 환자 상태와도 직결된다. 김씨가 보호자들에게 강조하는 건 한 가지다. "간병사에게도 숨 돌릴 시간, 혼자 있을 시간을 줘야 해요." 의외로 환자 가족들이 간과하는 부분이다. 문명순 씨(간병사)는 자신이 일생 해온 일이 왜 노동이 아닌지 김호성, 송병기 두 '선생님들'에게 자주 물었다. 겪어보지 않은 사람은 잘 모르는 간병노동의 현실에 대해 네 사람이 이야기를 나눴다.

▲ **김인경** 저는 가정호스피스 전담 간호사로 서울 전 지역과 경기 인근까지 다녀요. 간호사 한 명이 10명 내외의 환자를 전담합니다. 환자가 집에서 임종이 불가능하다고 판단되거나 증상 조절이 필요하다고 판단되면 병원으로 재입원할 수 있도록 돕습니다. 더불어 집에서 가족이나 간병사들이 돌봄에 참여할 수 있도록 돕고 있어요.

◆ **문명순** 하루 중 12시간은 간병 일을 하고, 나머지 시간은 간병사 노조 사무장 일을 보고 있어요. 잠자는 시간이 부족하죠. 주로 국공립대병원에는 병원 노조가 있어서 저희가 그나마 발을 붙이고 있어요. 대신 책임도 커요. 다른 사설업체에서 하는 것보다 열심히 해야 하고, 병원에서 요구하는 것도 많고요. 무엇보다 코로나19 때문에 간병사들 동선 제약이 많아요. 식사도 어려움이 있고요. 병원을 나가면 다시 들어오기 힘든 병원도 많아서 병실에서 먹고 자고 하는 간병사도 많습니다. 몇 달째 집에 못 간 분도 있더라고요. 간병사들 건강도 걱정되죠. 중환자를 오래 담당하다 보면 엘보(elbow)* 문제가 많이 생겨요. 주사 맞을 시간도 없는 거죠.

■ **김호성** 저희 병원도 간병인이 들어오시면 기본적으로는 못 나가게 하긴 해요. 자칫 감염 루트가 될 수 있어서. 그런데 한편으로 생각하면 의료진들은 나갔다 들어왔다 하잖아요.

◆ **문명순** 불만이 그거예요. 왜 간병사만 유독 제지할까.

* 위팔과 아래팔의 경계에 해당되는 팔꿈치 부분.

- ■ **김호성** 저는 호스피스에서 임종을 돌보다 보니 의료진이 아무리 노력해도 풀리지 않는 문제가 많다는 걸 매일 깨닫고 있어요. 연명의료계획서만 있으면 다 해결된 것처럼 이야기되지만 현실은 그렇지 않잖아요. 저희는 간병인을 두더라도 주로 가족이 돌봄을 담당하도록 원칙적으로 유도하고 있는데, 보호자가 비정규직 노동자라면 불가능하죠. 돌봄은 시간이 필요하잖아요. '존엄한 죽음'이 절대 쉽지 않아요. 마음 아픈 사례가 있었어요. 30대 남성 폐암 환자였죠. 어머니가 요양보호사고요. 경제적으로 어려움이 있는 가정이다 보니 어머님이 아들을 돌보는 게 아니라 낮에는 다른 사람을 돌봐야 했어요.

◆ **문명순** 저도 어머니가 아픈데 다른 사람을 돌보고 있어요. 그게 현실인 거예요.

■ **김호성** 아들이 곧 죽을 수도 있는 상황에서 저녁에 일 마치고 오면 하루 종일 죄책감에 쌓여 있다가 의료진들에게 힘든 감정을 표현하시곤 합니다.

요양보호사와 간병사는 다릅니다

● **송병기** 서울대병원 같은 경우는 일반 병동에 간병인 쓰는 비율이 어느 정도 되나요. 환자 10명 중 7~8명은 쓴다고 보면 될까요?

◆ **문명순** 많이 줄었어요.

■ **김호성** 간호간병통합 시범사업을 하고 있어서 그런가요.

◆ **문명순** 서울대는 중증환자가 많다 보니까 전체가 다 시범사업에 참여할 수가 없어요. 간병인 쓰는 건 경제력에 달렸

어요. 환자들 중에는 병원비가 아니라 간병비가 무섭다는 분들도 있어요.

■ **김호성** 간병하는 분들이 요양보호사 자격증도 많이 따죠?

◆ **문명순** 저희는 모두 자격증을 갖고 있습니다. 보호자들은 사실 자리를 지키고 있는 거지 케어를 한다고는 할 수 없어요. 저희는 간호사들의 공백을 메우는 역할을 하죠.

▲ **김인경** 요양보호사와 간병사가 비슷하지만 다르죠.

■ **김호성** 장소가 중요한 차이인 것 같아요. 기능도 다르고요. 요양보호사는 노인장기요양보험법(2007년 4월 제정, 2008년 7월 시행) 실시 이후 기본적으로 재가를 목적으로 만들어진 직역이죠. 다만 법이 생기면서 요양보호사 자격증을 따는 사람이 많이 늘어났어요. 간병사는 별도의 자격증이나 인증이 없죠. 병원에서 돌봄 업무를 해왔기 때문에 현실적으로 실무를 잘할 수는 있지만, 밖에서 볼 때는 자격증이 없기 때문에 능력을 인정받지 못하는 그런 상황이 되어버렸어요. 그래서 간병사들이 요양보호사 자격증을 따는 경우도 많은 것 같아요. 요즘은 병원이 간병인 채용할 때 요양보호사 자격증을 요구하는 경우도 많고요.

◆ **문명순** 저희 입장에서는 노인장기요양보험법이 생기면서 뒤통수 맞은 거죠. 그동안 간병을 제도권 안에서 인정받기 위해서 수없이 노력했는데 엉뚱한 대책이 나왔어요.

● **송병기** 가정호스피스를 이용하는 환자나 가족들은 어떤 이야기들을 하시나요. 아무래도 병원에 있을 때와는 달리 석션(suction)을 비롯해 기술적인 부분은 불안이 있을 수도

있겠다 싶어요.

▲ **김인경** 일단 가정에서는 가족이 간병을 담당하는 경우가 많아요. 기대여명이 6개월 미만인 말기 암 환자들이 호스피스로 오시는데, 퇴원 못 할 줄 알았다가 퇴원까지 진행된 상황에서 주로 가정호스피스를 이용하시거든요. 사실상 '마지막 퇴원'이라고 생각하는 경우가 많다 보니 환자가 집에서 보내는 기간 동안 직접 간병하는 경우가 많아요. 독박 간병이 되기도 합니다. 경제활동을 계속해야 하는 경우나 오랜 간병에 지친 경우 간병사의 도움을 받아서 함께 지내시기도 하고요. 요양보호사들이 3~4시간 정도 댁에 와 계시기도 합니다. 그래도 보호자들이 스스로 간병하려고 노력하시죠.

■ **김호성** 사실 호스피스는 '상대적으로' 쉬워요. 간병이 여러 어려움이 있지만 호스피스는 남은 여명이 짧기 때문에 가족이 한 달 정도 휴가를 내서 과감하게 간병을 하시는 경우가 많아요. 제일 어려운 경우가 만성질환, 중증질환이죠. 간병사가 24시간 거주하는 형태면 비용은 어느 정도 드나요?

◆ **문명순** 보호자가 얼마를 주느냐에 달려 있긴 한데, 기본 한 달에 300만 원입니다. 증상이 약한 환자는 250~270만 원 정도고요. 휴무가 있고 휴일을 유급으로 하느냐 무급으로 하느냐에 따라 차이가 있는데 하루 10만 원 정도 책정하고 있어요. 쉬는 날을 유급으로 할지, 무급으로 할지도 다 협상이에요.

▲ **김인경** 처음 병원 호스피스에 오실 때 버려진 느낌을 받는 분

들이 많으세요. 호스피스를 '마지막'이라고 생각하고 오십니다. 환자는 현재 어느 수준이고 어느 정도 기간이 되면 돌아가실 수 있다고, 힘들지만 체력을 유지할 수 있는 기간에 병원 또는 집에 머무시는 것에 대해 환자와 보호자가 선택할 수 있도록 설명합니다. 퇴원할 줄 몰랐는데 퇴원하게 되면 그때 가정호스피스를 많이 고려하시죠. 저희는 24시간 전화 통화가 가능하도록 돼 있습니다. 첫 방문은 지침상 48시간 안에 해요. 그때 환자 상태를 리뷰한 다음에 가능한 한 집에서 잘 머물 수 있도록 돌봄 계획을 세워요. 호스피스는 의사, 간호사, 사회복지사, 필요하면 자원봉사자까지 팀으로 움직여요. 가정호스피스에 대한 만족도는 높은 편이지만, 그럼에도 '집에서 돌아가셨을 때 어떻게 대처해야 할지'는 보호자 입장에서 가정호스피스를 결정할 때 힘든 요소 중 하나예요.

● **송병기** 간병인이 병원에서 환자와 거의 24시간 함께 생활하다 보면 감정적으로 또 정서적으로 영향을 많이 받을 것 같습니다.

◆ **문명순** 일단 환자 대부분이 우울감이 높아요. 간병사끼리는 '우리는 아프면 연명치료 하지 말자' 그런 얘기도 해요. 웃자고 하는 소리지만 아프면 오래 병원에 있지 말고 빨리 가자고 하죠.

■ **김호성** 가정호스피스를 받으면서 재택 임종하는 경우는 얼마나 되나요?

▲ **김인경** 평균적으로 20~25% 정도예요.

여성, 6070, 저임금

◆ **문명순** 돌봄을 직업으로 삼는다는 게 참 힘들어요. 무엇보다 인식이 떨어진다고 해야 할까. 따지자면 우리는 '돌봄 전문가'인데 너무 하대를 하거든요.

■ **김호성** 돌봄이 정말 쉽지 않아요. 매뉴얼이 있는 게 아니고 환자마다 다 다르잖아요. 일을 잘하고, 일이 자부심이 되려면 인정해주는 시스템이 중요한데 현재는 돌봄노동에서 그 부분이 너무 부족하죠. 계속해서 여러 선생님들이 주장하는 건 기본적으로 간병의 급여화예요. 현재 간호간병통합서비스가 시범사업으로 진행 중인데, 이게 급성기 병원에서는 가능할 수 있어도 만성질환 환자나 요양병원에서 하기는 대단히 어렵습니다. 그렇다 보니 개인이 돌봄을 해결하는 식으로 문제를 풀려고 해요. 간병인 연결하는 어플리케이션 같은 게 나오는 식이죠. 별점을 매기는 식으로 간병인을 평가하고 매칭해요. 국·공립병원은 그럴 수 없지만 대부분의 병원은 간병을 외부 업체에 위탁하며 가격을 조절하고요. 돌봄의 질을 유지하기 굉장히 어려운 구조예요. 근데 평소에는 몰라요. 안 아프니까. 아파봐야 아는 현실이죠.

▲ **김인경** 가정호스피스도 제도화되기까지 시간이 꽤 걸렸어요. 시범사업으로 3~4년 정도 하면서 제도를 만들어나간 거죠.

■ **김호성** 호스피스의 역사를 보면 처음에는 죽어가는 환자를 돌보는 종교적 행위였어요. 한국에서도 수녀님들이 처음 시작하셨고요. 이후에 호스피스를 제도권으로 끌고 온

동력도 기본적으로 종교였어요. 종교인들이 사재를 털고 인생을 바쳐서 했죠. 지금은 호스피스가 제도권으로 들어와서 급여화가 됐어요. 쉽게 말해서 '값'을 쳐주는 거죠. 호스피스 환자를 받아서 병상을 돌리면 나라에서 돈을 줘요. 그 돈으로 여러 사람을 고용해서 서비스를 제공할 수 있도록. 이 과정을 복기해보면 돌봄도 제도권으로 들어오는 게 굉장히 중요하다는 생각이 들어요. 제도가 바뀌면 사람의 생각도 바뀌어요. 일하는 사람들도 자부심을 가질 수 있고요. 내가 중요한 일을 한다는 감각, 좀 더 잘하려는 마음이 선순환되는 거죠.

● 송병기 통계를 보면 요양보호사는 90% 정도가 여성이고, 평균 연령이 50대라고 해요. 간병사는 어떻습니까?

◆ 문명순 65~70세 정도가 가장 많아요. 요양보호사는 소속됐던 센터에서 65세가 넘으면 퇴직하는 경우가 많아요. 그러면 간병사로 또 오기도 하죠.

● 송병기 노동 시간은 일주일에 대략 어느 정도 될까요?

◆ 문명순 간병사를 쓰는 환자나 보호자는 장기로 해주기를 원해요. 그러면 일주일에 144시간 정도 해요. 산재보험도 없죠. 제가 소속된 '희망간병' 같은 경우는 1년에 한 번씩 자비로 책임배상보험을 들어요. 간병사도 사람이라 밥도 먹어야 하고 화장실도 가야 하는데 그사이에 환자에게 문제가 생기는 경우가 왕왕 있었어요. 그러면 간병사 책임인 거죠. 만성질환으로 누워 계시는 경우에는 구강을 또 철저히 봐야 해요. 거즈로 잘 닦아드려도 목 안에 실타래처럼 끼어요. 환자분들이 의식이 없어도 귀는

다 열려 있다고 해요. 그래서 좋은 말도 해주고, 노래도 불러주고, 책도 읽어주고 하죠. 저는 그렇게 해요. 기술적으로는 특히 욕창 안 생기게 관리하고요. 돈을 떠나서 환자가 말은 못 해도 최선을 다하는 거죠. 이렇게까지 일을 해도 노동자 취급을 못 받습니다.

■ 김호성 식사 못 하시는 분들은 입에 염증이 빨리 생겨요. 염증이 건조되는 과정에서 찌꺼기 같은 게 생기는데 핀셋으로 뽑아내면 엄청 많이 나와요. 그래서 호스피스 완화의학에서 구강관리가 굉장히 중요한데 대부분은 잘 모르시죠.

▲ 김인경 가정에서 간병사가 상주하는 것도 쉬운 일은 아니에요. 집에 누군가 오는 일이 그렇잖아요. 머물 공간이나 식사 같은 것도 챙겨야 하고요. 호스피스가 제도화되는 데 한 20년 걸린 것 같아요. 가정호스피스도 제도화되기 전에는 병원에서 관리는 하지만 무료로 방문하고 그랬어요. 그런 데이터가 10년 넘게 쌓이면서 사업이 가능하게 된 거죠. 시스템 없이 소명만으로 굴러가서는 소진되기 쉽습니다.

CCTV를 피해 마시는 커피 한 잔

◆ 문명순 우리 일은 잘한 건 티가 안 나는 데 조금만 잘못하면 큰 일 나는 거잖아요. 간병이 얼마나 힘들면 보호자들이 스스로 안 하고 우리한테 맡기겠어요.

● 송병기 이미 의료와 분리할 수 없을 정도로 간병이 생애 말기 돌봄 영역에 들어와 있는데, 이 노동의 조건을 묵과하고

'존엄한 죽음'은 불가능하다고 생각합니다. 특히 간병사 국적 문제도 현장에서는 이슈지요? 한국인 간병사는 더 비싼 돈을 받는다든지….

◆ **문명순** 그래도 연대할 수밖에 없어요. 한국인들은 간병사 일 안 하려고 해요. 현장에서는 문화 차이 때문에 다투는 경우도 있죠. 어느 날은 간병사끼리 싸우는데 그러더라고요. "니네 우리(중국 동포) 아니면 돌볼 사람 있어?" 서늘한 말이죠.

▲ **김인경** 가정호스피스 나가면 간병사 교육도 실시해요. 중국 동포 간병사를 만나면 응대하기 어려울 때가 있었어요. 처음에는 문화적 차이라고 생각했는데, 생각해보면 같은 한국인끼리도 '저 사람 왜 저러지?' 할 때 있잖아요. 갈등이 발생하는 건 선입견 때문인 것 같아요. 실제 존재하는 문화적 차이를 어떻게 이해할 것인지를 포함해 간병 유관 단체에서 교육이 충분히 이뤄지면 좋겠어요.

◆ **문명순** 집에서 일하는 간병사 중에는 우울증을 앓는 분들이 많아요. 병원에서는 그나마 다른 보호자나 간병사를 만날 수 있는데 집에서는 환자와 나밖에 없거든요. 집에 따라 CCTV가 하루 종일 돌아가기도 하고요. 카메라 안 찍히는 데 가서 커피 한 잔 마시는 게 유일한 쉬는 시간이고 그런 거예요. 그래서 가정호스피스 선생님들이라도 오시면 얼마나 좋은지 몰라요. 내 수고를 알아주는 유일한 사람이기도 하고요.

▲ **김인경** 제가 하는 보호자 교육 중 하나가 간병사에게 환기할 수 있는 시간을 드리라는 내용이에요. 잘 수 있는 시간,

쉴 수 있는 시간이 필요하다고요.

- ◆ **문명순** 말하자면 끝도 없어요. 남성 환자를 보러 가면 성적으로 대하기도 하고, 마치 첩처럼 대하기도 하고요.
- ● **송병기** 돌봄을 노동으로 인정 안 해요. 비가시적인 영역에 존재하죠. 우리가 흔히 돌봄노동자라는 표현을 쓰는데 정말 '돌봄'과 '노동'을 같이 사고해본 적이 있는지, 돌봄이 노동의 영역에 있었던 적이 있긴 한 건지 자문해보게 됩니다.

자유, 평등 그리고 돌봄

김희강 ▪
송병기 •

2020년 11월 28일(토)
서울 중림동 〈시사IN〉 편집국 회의실

'좋은 죽음은 좋은 돌봄으로부터'라는 말은 정치적으로, 제도적으로 뒷받침되어야 하는 현실적인 문제다. 돌봄의 사회적 책임을 강조하는 김희강 교수(고려대 행정학과)의 전공이 정치철학인 것도 그런 이유에서다. 그는 돌봄 연구 분야의 세계적 석학인 조앤 C. 트론토 교수(미네소타대학 정치학과)의 저서 〈돌봄 민주주의〉 등을 번역하기도 했다.

김희강 교수가 생각하는 좋은 죽음의 풍경은 단순하다. 죽음에 이르는 과정에 홀로 방치되지 않는 것이다. "개인적으로는 삶을 함께했던 사람들이 저의 삶과 죽음을 긍정해줬으면 해요. 임종이 가까워진 사람이 느낄 수 있는 긍정의 방식은 조촐하겠지만요. 손을 잡아준다거나 눈을 맞춰준다거나." 그러나 한국 사회에서는 '조촐'한 긍정조차 쉽지 않다. 김희강 교수는 그걸 가능하도록 만들 방법이 있다고 말한다. "내가 죽음이 가까워졌을 때, 내 지인들이 나를 돌볼 수 있도록 국가와 사회가 그들을 돌봐주는 겁니다."

• **송병기** 돌봄이라는 단어 뒤에 숨겨진 전제부터 짚어봐야 할 것 같습니다. 돌봄이란 무엇일까요.

▪ **김희강** 돌봄은 취약한 인간에 대한 책임이라고 생각해요. 조앤 C. 트론토 같은 학자는 '세상을 돌본다'라는 표현을 씁니다. 취약한 사람도 안심하고 살 수 있도록 보호하고

그들이 처할 만한 위험을 방지하는 모든 활동이 돌봄인 거죠. 취약한 사람은 따로 정해져 있는 게 아닙니다. 모든 인간은 태어나서 일정 기간, 또 죽기 전 일정 기간 불가피하게 누군가에게 의존할 수밖에 없습니다. 사람마다 차이는 있겠지만 '100세 인생'이라고 한다면 그중 40%가 타인에게 의존하는 기간이라고 볼 수 있어요. 여기서 중요한 사실은 누군가 돌봄을 받는다는 건 누군가가 돌봄을 줬기 때문에 가능하다는 거예요. 돌봄을 주고받는 관계는 인간이 살아가는 필수 조건인 거죠.

● 송병기 두 가지 생각이 듭니다. 공교육 과정에서는 '함께 더불어 잘 사는 인간'을 강조하는 동시에 '독립적이고 자율적인 인간'이 되라고도 강조하잖아요.

■ 김희강 누구나 의존의 기간을 거쳐서 독립적이고 자율적인 인간이 됩니다. 독립적이고 생산적인 인간조차 한때는 누군가의 돌봄을 받아 성장했고, 죽기 전에도 누군가의 돌봄을 받을 수밖에 없습니다. 사람들은 자신이 누군가의 돌봄을 통해서 독립적인 인간이 될 수 있었다는 사실을 쉽게 간과해요. 왜 그럴까요? 18~19세기에 산업화가 일어나면서 근대화가 시작됐죠. 공적 영역과 사적 영역이 분리될 수 있다는 허상이 생겨납니다. 여성은 집에서 아이를 돌보고 남성은 시장에서 노동하는 구조가 나타났고요. 이런 구조 속에서 여성이 하는 일은 당연한 것, 허드렛일, 일이 아닌 것, 심지어 모성이데올로기처럼 모성을 '본성'으로 취급하기도 합니다. 반면 남성의 노동은 생계를 부양하고 사회와 경제 발전에 기여하는 원동력

으로 인식합니다. 이 맥락에서 돌봄노동이라는 표현이나 담론은 이제껏 노동으로 가치를 인정받지 못했던 일에 대해서 가치를 재인식하고 인정을 요구하고자 하는 시도이고 인식전환의 일환이라고 생각합니다. 〈당신이 집에서 논다는 거짓말〉(천년의상상, 2020)에 따르면 집안일을 시장 가치로 계산하니 월 250~300만 원 정도 된다고 해요. 가정에서의 무급 돌봄뿐만 아니라 시장에서의 유급 돌봄도 '노동' 프레임을 적용하면 노동권을 정당하게 요구할 수 있고 노동 환경을 이야기할 수도 있어요. 발전이고 진보죠. 한편으로 저는 돌봄을 노동 프레임으로만 보는 건 한계가 있다고 생각해요. 개인적으로는 돌봄노동이라는 표현을 자주 쓰지 않는데요. 노동 담론을 활용하는 것이 돌봄의 가치를 높이는 데 기여하고 있지만, 돌봄은 그 이상의 사회적 가치와 규범으로 봐야 하지 않을까요? 돌봄은 취약한 사람에 대한 책임과 의무이고, 그 자체로 국가와 사회가 뒷받침해야 할 가치이자 민주사회의 규범입니다.

여성의 문제처럼 보이지만 '우리'를 흔드는

● **송병기** 노동 자체를 다시 정의할 필요가 있다고 생각합니다. 코로나19가 준 큰 질문 중 하나랄까요. 필수 노동인 돌봄노동은 '어떤 일인가'라는 내용보다는 '누가 하느냐'가 중심이었던 것 같습니다. 특히나 성별 분업을 기초로 하고 있고요.

■ **김희강** 여성의 돌봄을 가정의 영역에 가두는 것, 어떻게 보면

크게 문제가 안 되는 것처럼 보이기도 합니다. 하지만 돌봄이 사회적·시장적 가치로 인정받지 못하는 상황은 여성이 불가피하게 남성에게 의존해야 하는 구조를 만듭니다. 의존성은 돌보는 사람을 취약하게 만들고요. 돌봄 제공자가 겪는 취약성을 2차 취약성, 2차 의존이라고 하기도 하는데 사회구조적인 취약성이죠. 애를 재우고 입히고 씻기고 부모를 수발하면서 어엿한 직장을 가지기란 불가능합니다. 직장을 다니기 위해서 돌봄을 포기하는 '비정한 엄마'가 되지 않기 위해 직장을 그만두잖아요. 이게 돌봄 제공자가 겪는 취약성의 전형이죠.

- **송병기** 특히 간병 문제는 이른바 '좋은 죽음'과 분리될 수 없는 이야기죠. 돌봄의 시장화 문제나 돌봄노동의 조건이 불평등하고도 연결돼 있습니다.

- **김희강** 돌봄은 고단하게 계속 반복되는 일이기도 하고 돌봄 수혜자와 애착과 공감대가 이뤄지는 일이라 정량화가 어렵습니다. 시장의 잣대로 평가하기 쉽지 않기도 하고 할 수도 없죠. 그렇다 보니 돌봄이 저평가됩니다. 고용주 입장에서는 돌봄에 대해 제대로 보상할 동기가 없는 거죠. 돌봄을 제공하는 사람은 집 안에서나 밖에서나 불이익을 겪는 구조입니다. 맘고리즘*, 마미트랙(mommy track)** 같은 말이 나오는 배경이죠. 저는 이걸 '돌봄의

* 맘(mom)과 알고리즘(Algorithm)의 합성어로, 여성의 생애주기별로 육아가 반복되면서 평생 육아에서 벗어나지 못하는 여성의 현실을 표현한 신조어.

** 육아 등을 위해 출퇴근 시간을 조절할 수 있되 승진이나 승급 기회는 적은 여성 양육자의 취업 형태.

구조적 부정의'라고 표현해요. 이걸 보고 자란 다음 세대들은 결혼이나 육아를 전략적으로 거부하기도 하죠.

- **송병기** 말씀하신 대로 돌봄이 정의롭지 못합니다. 인간을 인간답게 만드는 근원적인 일임에도 불구하고요. 마치 '여성의 문제'처럼 보이지만 '우리'를 흔드는 문제지요.
- **김희강** 아이, 노인, 장애인을 돌보는 일을 행복하고 보람된 일로 만드는 것도 결국 국가와 사회가 할 일이죠.
- **송병기** 보통은 인구학적으로 접근하죠. 저출생 문제가 심각하다면서 '아이 낳으면 얼마 준다'는 식의 희한한 정책으로 돌아옵니다. 상상력이 그 정도에 머물러 있어요. 이런 상황에서 맘고리즘에서 벗어나려면 돌봄이 '외주화' 될 수밖에 없는 구조에 놓입니다. 간병 같은 경우는 중국 동포 여성이 90% 가까이 차지하고 있고요. 이주노동과도 연결돼 있죠.
- **김희강** 여성의 경제활동을 장려하면서도 공적 돌봄 시스템이 갖춰지지 않다 보니 돌봄이 외주화됩니다. 말씀하신 대로 주로 이주노동자 여성들이 돌봄 공백을 메우고 있죠. 한편에서는 여성 지위가 향상됐고 사회경제적으로 여성들이 참여하고 있지만 돌봄의 젠더화를 근본적으로는 극복하지 못하는, 돌봄을 착취하는 형태라고 할 수 있습니다. '글로벌 케어 체인(Global care chain)'이라는 표현을 쓰는데, 이른바 선진국의 돌봄 공백을 메우기 위해 발생한 이주노동이 본국에서도 돌봄 공백을 만든다는 거죠. 불평등이 연쇄적으로 발생하는 겁니다. 한편으로는 돌봄을 가치 있고 의미 있다고 장려하는 흐름이

있습니다. 이 입장 역시 돌봄의 젠더화를 극복하지는 못합니다. '그러니까 (여성인) 네가 계속 해라'가 되거든요. 이를테면 '아이가 첫 발자국 떼는 걸 보는 게 10억 원보다 의미 있다'고들 하면서요. 의미와 별개로 그 자체에 가치를 두면 여성을 결국 집 안에 가두는 거죠. 이런 긴장과 딜레마를 푸는 게 숙제로 생각됩니다. 돌봄을 특정 성별이 해야 하는 일이 아니라 사회적 책임과 의무로 인식하는 것, 그리고 그 책임에 대한 재분배가 반드시 필요합니다.

● **송병기** 돌봄이 결국 정치죠. 생애 말기 돌봄도 그렇습니다. 요양원-요양병원-대학병원을 소위 '케어 사이클(care cycle)'이라고 하는데 남성 노인은 3회 돌고, 여성 노인은 5~6회 돈다고 해요. 돌봄을 민간에 위탁시키면서 한국 사회가 발전해왔다고 해도 과언이 아닙니다. 상황이 이렇다 보니 국가가 돌봄을 재분배하려 해도 지침이나 평가 시스템을 만드는 식으로 진행하게 되고 이게 또 민간의 반발을 부르는 상황입니다.

박리다매 돌봄

■ **김희강** 정부의 역할, 공공의 역할이 커졌고 또 앞으로 커질 겁니다. 주의해야 할 점은 돌봄의 공공성을 이야기할 때 국가가 모든 걸 할 수 없다는 것도 인정해야 합니다. 국가의 역할은 돌봄이 당당한 사회를 만드는 겁니다. 이건 국가가 돌봄을 제공하는 것만을 의미하지 않죠. 정부의 관리와 규제를 부정적으로 볼 게 아니라 오히려 필

요성을 인식해야 합니다. 물론 관리와 규제가 누구에 의해서, 어떻게 만들어지는가가 중요합니다. 돌봄 당사자, 돌봄 제공자, 지역사회 이해관계자들이 두루 참여해 거버넌스 형식으로 만들 수도 있을 겁니다. 규제 자체보다 규제가 어떻게 민주적으로 만들어지고 있는지 눈여겨봐야 하는 거죠. 상명하달 식으로 규제가 시행되고 이를 공무원이 평가하는 방식은 문제가 있습니다.

● **송병기** 현재 정부가 추진하고 있는 커뮤니티케어 현장만 봐도 행정의 규범성을 잘 못 벗어납니다. 커뮤니티케어를 하려면 보다 더 섬세한 돌봄에 대한 논의와 상상력이 필요한데 '숫자' 중심으로 돌아가고 있어요. 방문하는 간호사 한 명당 환자 몇 명을 볼 수 있다는 식으로요. '환자가 파스를 몇 장 받았다'가 '돌봄을 받았다'는 식으로 양적 사고를 못 벗어납니다. 돌봄이 저평가되는 건 시장에서만이 아니라 행정에서도 마찬가지죠. 파스를 하나 처방해서 돈을 쓰긴 하는데 돌봄의 효과는 섬세하게 계산을 못 해요. 그러니까 돌봄도 박리다매가 됩니다. 현장연구를 해보면 공무원들도 문제를 알아요. 자기들도 정성적 평가를 하고 싶은데 그걸 어떻게 믿냐는 거죠. 주관적인 건 책임질 수 없다고 해요. '질적인 사고'가 어렵죠. 커뮤니티도 없고, 케어도 없는 상황입니다.

■ **김희강** 한 사회가 돌봄의 공공 인프라를 아무리 갖췄다고 해도 결국 돌봄은 시민 개인 윤리의 영역이자 사적 영역에 걸쳐 있습니다. '시민은 길러진다'는 전제에 우리가 동의한다면 돌봄을 시민윤리, 시민교육 측면으로도 접

근할 필요가 있어요. 교과과정 내에 돌봄에 대한 교육과 실천, 인간의 취약성과 의존성, 돌봄을 긍정하는 태도, 의존에 대한 낙인과 편견을 지우는 교육이 필요하죠. 결국 돌봄은 실천입니다. 돌봄을 해볼 수 있는 기회를 교육과정에 넣으면 좋겠어요. 몸과 몸이 닿으면서 교류하는 감정이 중요해요. 그 경험을 통해서 돌봄을 긍정하는 태도도 배울 수 있고요. 최근 대학원에서 〈간병살인〉(시그마북스, 2018)을 함께 읽었는데 우리는 행정학과니까 간병제도에서 정부의 역할이 무엇이어야 할까를 논의했어요. 많이 나오는 대안이 경제적 지원, 간병 휴가 같은 거예요. 그런데 한 학생이 어머니 간병 경험을 이야기하면서 심리적 지원이 필요하다고 하더라고요. '내가 하는 돌봄이 중요하고 의미 있고, 내가 잘하고 있다'는 심리적 긍정이 제일 필요했다면서요. 돌봄이라는 게 집 안에 갇혀서 신변처리, 신체수발을 하는 일이잖아요. 보이지 않는 노동인데, 사회가 '돌보는 사람'들에게 든든한 우군이 되어야 한다고 생각합니다.

돌봄을 헌법에 명문화한다는 것

- **송병기** 동주민센터 어디를 가봐도 각종 창구가 다닥다닥 붙어 있는데 복지 상담하는 창구도 마찬가지예요. 자신의 취약한 이야기를 옆 사람이 다 듣는 데서 해야 하는 거예요. 그 와중에 "뭐라고요? 크게 말씀하세요" 하는 거죠. 돌봄 행정은 바로 이런 데서부터 수정되어야 합니다. 김희강 선생님 논문을 보면 돌봄국가, 돌봄사회로 가려면

사회적 의례 또는 상징행위일 수도 있지만 돌봄을 헌법에 명문화해야 한다는 말씀을 하셨어요. 그 이야기를 좀 더 듣고 싶습니다.

■ **김희강** 헌법은 규범적이고 정치적인 산물이죠. 반성의 의미도 담고 있습니다. 전 세계 많은 국가의 헌법이 국민이 보장받아야 할 기본권의 내용을 적시하고 있어요. 기본권은 1, 2차 세계대전을 겪으면서 그 반성으로부터 시작됐습니다. 그러니 돌봄을 헌법에 명문화한다는 건 이제껏 우리가 돌봄을 무시하고 배제해왔던 것에 대한 반성, 가부장제에 대한 비판, 돌봄이 공적 가치로서 의미 있다는 사회적 책임, 의지 표명 등을 명문화한다는 의미이기도 하죠. 헌법은 굉장히 실천적입니다. 하위 법령이 계속 나오니까요. 현재 헌법에서는 '모성보호'라고 해서 돌봄이 굉장히 협소화된 의미로만 다뤄집니다. 자유나 평등의 가치와 버금가는 의미로 돌봄이 다뤄져야 해요. 코로나19 이후 '뉴노멀' 이야기가 많이 나오는데 기존의 성장주의, 신자유주의를 넘어 새로운 가치로 사회를 재정립하자는 거죠. 저는 뉴돌봄, 돌봄뉴딜이 그 핵심이어야 한다고 봅니다.

● **송병기** 한 사회가 어느 시점이 되면 패러다임 시프트(paradigm shift)*라고 할 수 있는 계기를 맞닥뜨립니다. 20세기에는 세계대전이 그 계기가 되었고 현재는 코로나19가 촉발한 돌봄에 대한 이야기가 그만큼 큰 주제라고 봅니다.

* 한 시대나 어떤 분야에서 당연하게 여겨져왔던 인식이나 사상, 사회 전체의 가치관이 혁명적 혹은 극적으로 변화하는 일.

- **김희강** 돌봄을 헌법에 명문화하자는 논의가 이전에 없었던 건 아닙니다. 주로 여성계에서 논의돼왔는데, 기본권의 일환으로 돌봄을 받을 권리, 돌봄을 줄 권리를 명문화해야 한다는 이야기가 있었어요. 동의하는 한편, 돌봄은 권리이기 이전에 의무이자 책임이라는 점을 보다 정확하게 짚고 싶습니다. 사회가 보호하고 보장해야 할 가치로서 돌봄을 헌법에 명시하는 건 중요해요. 권리는 가치중립적이라 돌볼 권리를 이야기하면 돌보지 않을 권리도 이야기하게 되거든요. 권리를 이야기할 수 있지만 권리인 동시에 의무라는 거죠.
- **송병기** 결국 우리는 모두 죽는데, 도대체 어떻게 해야 잘 죽는 거냐는 이야기로 돌아와야 할 것 같습니다. 현재까지는 웰다잉을 강조했죠. 입관도 해보고 임사체험도 해보는 식으로(웃음). 하지만 다양한 스펙트럼을 살펴보면 결국 좋은 돌봄이 좋은 죽음을 담보한다는 생각이 듭니다. 죽음과 삶을 따로 떼놓고 사고할 수 없잖아요.
- **김희강** 돌봄 제공자, 특히 여성들이 느끼는 답답함이나 압박감, 부당함이 있죠. 이 '정당한 분노'의 감정을 건드리는 정치적 언어를 만드는 게 변화의 원동력이라고 생각해요. 돌봄은 이 부당함에 대한 응답이자 책임이어야 합니다. 돌봄은 남의 삶에 개입하는 거잖아요. 죽음과 죽음에 이르는 길을 방치하지 않으려면, 긍정할 수 있으려면 내가 죽음이 가까워왔을 때 내 주변의 지인들이 나를 돌볼 수 있도록 국가와 사회가 그들을 돌봐야 한다고 생각해요. 헌법에서의 권리는 주로 불간섭 자유로서 권리를 이

야기합니다. '나 좀 내버려둬' 이거죠. 그런데 이런 프레임으로는 돌봄을 이야기할 수 없어요. 인간은 태어나서부터 죽을 때까지 '응답'이 필요한 존재입니다. 돌봄을 여성정책, 보육정책, 노인정책, 복지정책으로만 접근해서는 근본적인 해결책이 될 수 없어요. 이를테면 '돌봄 책임 복무제'를 제안할 수도 있지 않을까요. 병역 의무처럼 돌봄도 시민적 의무로 이해되도록 시스템을 짜는 거죠. 최근 대체복무제가 실제 돌봄 현장에서 활용되기도 하잖아요. 어떻게 보면 코로나19가 큰 역할을 했습니다. 인간의 유한성을 마주하면서 인식이 넓어졌죠. 전세계적으로 대안 가치에 대한 논의도 활발해지고 있습니다.

'비행(非行)' 기저귀

송병기

최첨단 기술도 우주비행사들의 '싸는' 문제를 해결하지 못했다. 2016년 가을 미항공우주국(NASA)은 스페이스 푸프 챌린지(Space Poop Challenge) 대회를 열었다.[1] 우주비행사들이 기저귀를 차고 막중한 임무를 수행한다는 사실이 알려졌다. 우주비행사들이 우주 방뇨(혹은 방분)를 한다면, 둥둥 떠다니는 배설물 때문에 나사의 기기들이 고장 날 수도 있었다. 수분을 기막히게 흡수한다는 '소듐폴리아크릴레이트'가 아낌없이 들어간 기저귀의 수명은 8시간을 채 넘지 못했다. 인류 번영을 위한 과학기술 발전이라는 절체절명의 과제가 기저귀 앞에 놓여 있었다.

기저귀는 하늘에서뿐만 아니라 땅에서도 중요하다. 지구 밖 항공우주국에서뿐만 아니라 지구 안에서 생명을 돌보는 노인 요양원에서도 필수품이다. 우주인과 노인 둘 다 '가만히' 있거나 '유영'할 때 기저귀를 착용한다. 하지만 그들이 차는 기저귀의 가치는 그야말로 천지 차이다. 전자는 찬란한 과학의 영역이지만, 후자는 불안한 사회의 영역이다. 한국의 한 요양원에서는 노인이 기저귀를 찼는데도 벽이나 이불에 '똥칠'을 하면 '우주복'을 입게 될 수 있다.[2] 노인은 한 번에 기저귀 3개를 차고, 발목까지 꽁꽁 묶을 수 있는 우주복을 입고, '연락이 두절'될 수 있다. 많은 지구인들이 우주비행사가 되어 달나라로 떠나기보다는 요양원 입소자가 되어 '하늘나라'로 떠나게 될 가능성이 더 높다.

비올레뜨, 블루, 빤츠

"우리는 인류학자보다는 요양보호사, 간호사, 의사처럼 당장 쓸모 있는 사람이 필요합니다. 그럼에도 제가 당신의 현장연구를 수락한 이유는 돌봄 윤리에 대한 다양한 고찰이 필요하기 때문입니다." 프랑스 파리 시립 노인 요양원 '행복'의 의료서비스를 총괄하는 A가 연구계획안을 만지작거리면서 말했다. 나는 2016년부터 2017년까지 '행복'에서 현장연구를 했다. 당시 A는 이곳에 부임한 지 1년째였다. 이곳에 오기 전에는 국립대학병원에서 10년간 행정업무를 맡았다. '행복'의 행정직원들은 정규직 공무원 신분이었다. 이 시설에는 입소자 300명이 있었다.

그는 말을 이어갔다. "아시다시피 레오네티법으로 불리는 환자의 권리와 말기에 관한 법률이 2005년 제정된 이후 병원뿐만 아니라 노인 요양원에서도 입소자를 위한 돌봄 윤리로 고민이 많습니다.* 우리는 요양보호사, 간호사, 의사, 상담심리학자, 행정직원을 대상으로 다양한 돌봄 윤리 교육을 제공하고 있습니다. 당신의 현장연구가 이런 우리의 노력에 도움이 됐으면 좋겠습니다.

* 이 법은 'LOI n° 2005-370 du 22 avril 2005 relative aux droits des malades et à la fin de vie'를 가리킨다. 이 법을 발의한 의사 출신 정치인 장 레오네티(Jean Leonetti)의 이름을 따서 프랑스에서는 '레오네티법(Loi Leonetti)'으로 불린다. 이 법에 따르면, 환자는 '의료적 집착(acharnement thérapeutique, 통상 의료진의 태도를 지적하는 말로 쓰인다)'을 거부할 수 있고, 이러한 환자의 요구에 대해 다학제적 위원회에서 토론과 협의를 거쳐 주치의가 최종 결정할 수 있다. 하지만 이 법의 애매모호함과 보수성에 대한 비판의 목소리가 있다. '의료적 집착'을 명료하게 규정하는 것이 쉽지 않고, 안락사가 금지되어 있으며, 최종 의료 결정은 의사가 하고, 의료 중단은 완화의료를 통해 이루어지기 때문이다. 프랑스에서는 완화의료가 '완화적 진정'과 '(인공)수분영양 공급 중단'을 통해 환자의 '권리'를 수용할 수밖에 없다. 이 방식은 의료진뿐만 아니라 환자, 보호자 사이에서도 논란이 있다. 오히려 이 법의 사회적 효용은 각계각층에서 환자의 목소리와 권리에 대해 '숙고'하기 시작했다는 점에 있다.

특히 알츠하이머병이나 파킨슨병, 퇴행성 신경질환을 앓고 있는 노인들을 위한 부서인 'UVP' 운영에 기여를 해주면 좋겠습니다."

UVP('Unité de Vie Protégée'의 약자, 한국어와 영어로 번역하면 '생명 보호 병동', 'Life Protection Ward')의 명칭은 생명, 보호, 관리를 '시설 운영 단위'로 삼고 있다는 인상을 줬다.* 내가 현장연구를 수행한 UVP 두 곳에는 각각 입소자 20명과 30명이 있었으며 평균 연령은 86세, 남녀 성비는 3 대 7이었다. 모두 프랑스 국적자로서 10년 이상 파리에서 거주하다가 입소했다.** 한편 UVP 요양보호사의 평균 연령은 52세, 전원 프랑스 국적 여성이었다. 그들은 3교대로 근무했다. 인원 수는 오전, 오후 각각 3명이었다. 새벽 근무를 하는 요양 보호사는 단 1명이었다. UVP 돌봄노동자들은 1인당 평균 노인 7명을 담당했다(타 부서는 1인당 평균 15명 담당).

UVP 요양보호사들의 돌봄 윤리는 '보호'로 요약할 수 있었다. 하나는 입소자들의 신체 보호를 강조하는 규범적 의미였고 또 다른 하나는 지팡이, 복도 안전손잡이, 자외선 차단 커튼, 휠체어 같은 물질적 요소였다. 특히 요양보호사들은 입소자 기저귀(프랑스

* 프랑스어 'La vie'는 한국어 '생명(생물학적 측면을 더 강조하는)' 혹은 '삶(서사적 측면을 더 강조하는)'으로 번역될 수 있다. 이 글에서 생명이란 단어를 언급한 것은 상기 요양원의 돌봄체계와 입소자의 생물학적 몸의 관계에 주목하기 위해서다.

** 모든 입소자들은 상당 기간 진행된 퇴행성 신경질환을 앓았고, 연하곤란, 소화기능장애, 당뇨병 등의 질환도 갖고 있었다. 모두 프랑스 국적자였으며, 유럽계 47명, 아프리카계 2명, 아시아계 1명이었다. 시설 체류비용은 월 약 2500유로(한화 약 320만 원)였고, 노인들은 'APA(Allocation personnalisée d'autonomie)'라 불리는 의학전문가들이 만든 의존상태 평가 등급에 따른 장기요양 지원금을 지자체로부터 받고 있었다. 연금 및 재산이 낮은 입소자 20명은 지자체로부터 요양원 이용 보조금을 추가적으로 받았다(사립에 비해 공립 요양원에서 저소득층을 더 많이 수용한다). 모든 입소자들의 의료비는 건강보험으로 보장됐다.

SECTEUR '3 ETAGE '
Distribution du 17/01/2017 à 11H30
Durée : 8 jours

	Code article TENA	Condition-nement	3 ETAGE Sachets	Quantité totale	Coût total
TENA Lady Mini	760210	10 * 20	2	2	
TENA Pants Plus Small	792414	4 * 14	2	2	10,64 €
TENA Pants Plus Medium	792514	4 * 14	2	2	8,09 €
TENA Pants Plus Large	792614	4 * 14	3	3	14,45 €
TENA Slip Maxi Medium	710924	3 * 24	1	1	7,06 €
TENA Flex Plus Small bleu	723130	3 * 30	1	1	8,10 €
TENA Flex Plus Medium bleu	723230	3 * 30	3	3	22,41 €
TENA Flex Plus Large bleu	723330	3 * 30	3	3	26,37 €
TENA Flex Maxi Small violette	725122	3 * 22	2	2	12,89 €
TENA Flex Maxi Medium violette	725222	3 * 22	7	7	45,28 €
TENA Flex Maxi Large violette	725322	3 * 22	10	10	73,04 €
TENA Bed - en sachets Normal 60 x 90 cm	770046	4 * 35	5	5	
Total Sachets			41	41	228,32 €
Coût / période HT			228,32 €		228,32 €
Coût / jour HT			28,54 €		28,54 €

UVP의 주간 기저귀 주문서 (사진: 송병기)

에서 기저귀는 보호를 뜻하는 'protection'과 같은 단어로 통용된다)에 신경을 썼다. 근무 20년 차 최고참은 매주 기저귀를 업체에 주문하고 재고를 관리하는 역할을 담당했다. 오전과 오후, '막내'들은 입소자들 방을 돌며 수납장 맨 위 칸에 기저귀가 충분히 있는지 확인했다. 노인들은 11종류 기저귀 중 하나를 착용했다. 가령 4년째 와상상태에 있는 92세의 입소자는 '비올레뜨(violette)'로 불리는 기저귀를 착용했다. 돌봄노동자들은 흡수력이 최대 14시간까지 지속되는 이 기저귀를 하루 두 번만 교체하면 된다고 했다. 한편 휠체어를 이용하는 88세의 입소자는 '블루(bleu)' 기저귀를 찼다. 최대 6시간의 흡수력을 가진 이 기저귀는 휠체어 운전이 더딘 노인에게 적합했다. 반면 지팡이를 이용해서 혼자 걸을 수 있는 95

세의 입소자는 '빤츠(pants)' 기저귀를 입었다. 요양보호사들은 이 기저귀에 고무줄로 된 허리띠가 있어서 속옷처럼 입고 걷기 좋다고 했다. 그럼에도 불구하고, 취침시간에 모든 입소자들은 흡수력이 가장 뛰어난 비올레뜨 기저귀를 착용했다. 크고 작은 인지적·신체적 어려움을 겪고 있는 그들은 새벽에 혼자 화장실에 갈 수도 없지만, 기저귀 덕분에 갈 필요도 없었다. 주간 기저귀 주문서가 보여주듯 압도적인 수량의 비올레뜨 기저귀는 입소자들의 정주 시간이 그만큼 길다는 것을 의미했다. 요양보호사들은 기저귀를 돌보고, 기저귀는 노인들을 돌봤다.

더 빈번하게, 바닥으로

한편 기저귀는 요양보호사의 삶의 조건과 밀접한 관련이 있었다. 그들은 자신들의 돌봄노동을 '숭고한 일' '가족도 못 하는 어려운 일'로 표현했지만, 동시에 '사람들이 기피하는 더러운 일'이라며 불만도 토로했다. 특히 그들은 기저귀와 '더러운 일'을 연결했다.[3] '인간적인 돌봄'을 하기 힘든 현실을 표현한 것이었다. 많은 시간과 힘을 들여야 하는 일임에도 불구하고, 일의 가치는 사회경제적으로 낮게 평가됐다. 'UVP' 요양보호사들은 집에서도 쉴 수 없었다. 자녀나 노부모를 돌보고 청소와 요리도 도맡고 있었다.

이들의 돌봄은 낮은 시장적 가치(집 밖)와 가족에 대한 책임(집 안)이라는 두 가지 특징을 가지고 있었다. 그들은 충분한 휴식을 취하거나 전문적인 직업교육을 받을 수 있는 여유가 없었다. 그들의 월급은 약 1700유로(한화 약 220만 원)로 프랑스 최저임금 수준이었다. UVP 요양보호사들은 프랑스 국적과 별개로, 아프리카계(알제리·세네갈) 70%, 유럽계 30%로 구성되어 있었다. 요양보호사들은 양질의 돌봄을 위해서는 요양보호사 1명당 입소자 3~4명 비율이 적절하다고 했다. 이는 그들의 일방적 주장이 아니라 파리 시립 노인 요양원 운영 지침이었다.* 요양보호사들은 고도의 의료화로 인해 노인들이 요양원에 입소하는 시기가 점점 더 늦어진다고 했다. 새로운 입소자들은 그전보다 더 고령이었고 건강상태도 심각하다고 했다. 노인들은 각종 만성질환, 치매와 알츠하이머 등의 어려움을 겪고 있어서 적극적 치료보다는 섬세한 돌봄이 중요했다. 하지만 돌봄노동자들은 요양원 인력이 오히려 줄어가는 추세라고 말했다.

단기적으로 기저귀는 요양보호사들의 일을 덜어주는 유용한 수단으로 활용됐다. 특히 입소자 배변관리 시간이 줄었다. 게다가 기저귀는 노인들의 건강상태를 증명하는 '근거'로 활용됐다. 만약 입소자가 변비나 설사 증상이 있다면 요양보호사는 이 사실을 간호사와 의사에게 보고한다. 그들의 판단에 따라서 노인은 향후 물을 더 마시거나 채식 메뉴를 받거나 새로운 약을 먹거나 영문도 모른 채 복도를 몇 바퀴 돌거나 느닷없이 상담심리학자를 만나게 될 수 있다. 즉 노인의 배변활동이 원활하지 않으면 그/그녀의 일상이 획기적으로 변할 수 있다. 물론 그 변화는 노인의 몸을 '특정 상태'로 되돌리기 위한 것이다. UVP에서 노인의 몸은 안정적으로 관리 가능해야 한다. '요동치는 몸'은 요양보호사, 의료

* 이 사실은 파리시 요양보호사 노동조합 사무장과의 인터뷰에서도 확인했다. 특히 그는 마크롱 대통령이 추진하는 사회개혁 내용 중 하나가 국가 재정에 부담이 되는 대형 병원 내 퇴행성 신경질환 및 정신질환 병상 수를 줄이고, 그 공백을 요양원이 메워가는 정책으로 파악했으며, 이런 방향에 대해 우려했다. 주요 매체는 요양보호사들의 열악한 노동조건에 대해 꾸준히 보도했다. (「Le personnel des Ehpad s'est mobilisé pour dénoncer ses conditions de travail」, 『Le Monde』, 2018. 1. 30.)

진을 비롯한 직원들의 업무 스케줄을 교란하기 때문이다.

장기적으로 요양보호사들은 기저귀 때문에 더 난감한 상황에 직면했다. 기저귀로 인해 요양원 정주 시간이 점차 길어지면서 노인들의 체중은 늘어나고 근육량은 떨어졌다. 골반과 다리 힘이 약해진 입소자들은 식탁 의자에서, 휠체어에서 더 빈번하게 바닥으로 미끄러졌다. 돌봄노동자들은 노인들을 침대에 눕히고 기저귀를 교체하고 옷을 입히고 휠체어에 앉히고 밥을 먹이고 바닥에서 일으킬 때마다 더 많은 시간과 힘을 써야 했다. 또한 요양보호사들은 잦은 노인들의 욕창에도 골머리를 앓았다. UVP 요양보호사들은 예외 없이 손목과 허리 통증을 호소했고, 각종 보호대를 착용했다(이런 보호대 역시 'protection'이란 단어로 통용된다). 아이러니하게도 '행복' 요양원의 행정 간부와 의사는 요양보호사들에게 더 정밀한 기저귀 사용을 강조했다. 돌봄노동자들은 다국적 기저귀 회사가 파견한 요실금 전문가들로부터 교육을 받았다. 기저귀는 더 나은 돌봄을 위한 '교육'의 문제가 됐다. 이론적으로 기저귀는 입소자들의 요실금 관리를 돕는 좋은 수단이었다. 하지만 일상에서 기저귀는 돌봄노동자들의 삶의 조건을 가리고, 노인들의 삶의 질을 떨어뜨리는 '비행' 도구였다.

기저귀는 무엇을 보호하는가

2017년 봄이었다. '행복' 요양원의 행정 간부, 의사, 간호사, 심리학자, 요양보호사가 회의실에 모였다. 회의 주제는 최근 입소한 90세 남성의 안전에 대한 것이었다. 그는 루이소체 치매가 악화돼 병원에서 3주간 입원생활을 하다가 UVP로 왔다. 그 결정은 장기 입원은 필요 없다는 주치의 진단과 그를 집에서 돌보기 힘들다는 가족의 판단으로 이뤄졌다. 노인은 UVP를 '감옥'이라 표현하며 집으로 돌아가길 희망했다. 그는 여러 번 화물용 엘리베이터나 비상계단을 통해 요양원 밖으로 나가 길을 잃고 경찰에게 발견되었다. 한번은 집까지 간 적도 있었다. 그의 가족은 이런 상황에 대해 요양원장에게 강한 우려와 불만을 제기했다. 회의에서 요양보호사들의 고민도 쏟아졌다. 그를 돌보는 것이 여간 까다로운 일이 아니었기 때문이다. 그는 자기 의견이 강했고 요청사항도 많았다.

돌봄노동자들은 그의 의사를 어디까지 존중하며 돌봐야 하는지 고민했다. 무엇보다 그들은 그를 '충분히' 돌볼 수 있는 시간이 없었다. 회의 참석자들이 다양한 의견을 냈지만, 요양원장과 의료서비스 총괄 의사는 입소자의 안전이 제일 중요하다는 결론을 냈다. 요양원장은 그 근거로 시설운영규정 18조 '요양원은 시설을 이용하는 모든 입소자들의 안전에 대한 책임을 진다'를 인용했고, 의사는 고장 난 레코드처럼 '입소자의 건강상태'라는 말을 반복했다. 결국 요양보호사들은 이 노인의 이동을 더욱 면밀하게 관찰하고 자제시키겠다고 말했다. 간호사와 심리학자도 돕겠다고 했다. 회의에서 입소자의 '서사'는 안전과 보호라는 가치로 쉽게 치환됐다. 회의 끝에 노인의 정주 시간은 더욱 길어졌다. '비올레뜨'가 그를 기다리고 있었다. 말기 돌봄이라는 절체절명의 과제가 기저귀 앞에 놓여 있었다.

참고문헌

1 「[신문과 놀자!/별별과학백과]우주인 똥 치우기 대작전… 뽀송한 엉덩이를 지켜라!」, 『동아일보』, 2017. 1. 11.

2 「숨 멈춰야 해방되는 곳… 기자가 뛰어든 요양원은 '감옥'이었다」, 『한겨레』, 2019. 5. 13.

3 Lori L. Jervis, "The Pollution of Incontinence and the Dirty Work of Caregiving in a U. S. Nursing Home," *Medical Anthropology Quarterly* 15(1), 2001, pp. 84~99.

3부　돌봄과 죽음

우리는 모두 죽음의 이해당사자다

김영화

'당신은 어떻게 죽고 싶나요.' 취재는 이 질문과 함께 시작했다. 20대 후반인 나에게는 낯선 질문이었다. 첫 기획회의에서 임종 장소로 '집'을 조명해보자는 얘기가 나왔을 때, 머릿속에 '고독사'라는 단어밖에 떠오르지 않았다. 아무래도 집보다는 병원이 안전하지 않을까. 게다가 당시는 코로나19 확진자 급증으로 병상 부족 문제가 거론되던 시기였다. 집에서 죽는다는 건 비극이었다. 가까운 이들의 죽음을 떠올려봐도 그랬다. 짧게는 일주일, 길게는 수년간 병원은 삶의 마지막 거처였다. 병문안을 갈 때마다 콧줄과 각종 관을 단 채 의식을 잃어가는 몸들을 보면서도 다른 대안을 상상하기가 어려웠다. 늙고 병들어 죽는 것은 원래 그런 모습이라 생각했다. 가까운 이들의 노화와 죽음을 겪을수록 어쩐지 죽음에 대해 생각하고 싶지 않았다.

"질병과 돌봄에 대한 이야기는 소수자 이야기처럼 들립니다. 숫자로는 결코 소수가 아니거든요. 당장 가족이 아프면 누가 보호자가 될 건지 고민해야 하는데, '어느 병원이 좋다더라'는 식의 얘기뿐입니다. 죽음을 둘러싼 개별 서사들은 왜 공적 담론의 장에서 밀려날까요." 2020년 7월 서울 강북구에 위치한 건강의집의원에서 김호성, 송병기 씨를 처음 만났을 때 들었던 이야기다. 병원이 사람들의 마지막 거처가 된 것은 불과 30년 만의 일이다. 각자가 의료 현장에서 겪어온 죽음에 대한 고민들을 처음 나눴다. 코로나19 사망자는 매일 집계되는데 누가 죽었는지에 대해선 왜 아는 바가 없는지, 장기 입원 환자들이 왜 집 사진을 병실에 붙여두는지, 가족 돌봄 이후에 사회로 복귀하는 게 얼마나 힘든 일인지, 빈곤과 질병은 어떤 긴밀한 연관을 가졌는지, 죽음을 의료의 실패로 여기는 사회에서 살아 있는 게 '불행'이라는 이들을 어떻게 치료해야 하는지…. 죽음은 결코 단일하지 않았다. 감염병 재난은 우리 사회가 숨겨왔던 죽음의 현실이 드러나는 계기이기도 했다. 요양시설을 중심으로 한 집단감염, 격리병동에서 홀로 맞이하는 죽음, 장례마저 치르지 못한 죽음은 애도조차 쉬이 허락하지 않았다. 유례없는 감염병은 우리에게 '좋은 죽음'이 무엇인지 새롭게 질문하고 사유하도록 요청하고 있었다.

태초부터 우리는 돌봐왔고 아파왔고 죽어왔다. 그런데 죽음을 논할 언어는 왜 이렇게 빈약한가. 우리는 죽음을 말할 공간을 열기로 했다. 죽음을 가까이서 지켜본 의료인, 환자, 보호자, 간병인들을 초청했다. 다른 한편으로 '좋은 죽음'을 고민하는 현장을 찾아나섰다.

어떻게 죽고 싶나요?

취재하면서 죽음에 대한 기억들이 자주 소환되었다. 요양병원에 있다 돌아가신 친할머니에 관한 기억이었다. 돌아가시기 5년여 전부터 치매 증세를 보이던 할머니와 종종 갈등을 겪었다. 할머니는 화장실에서 미끄러져 구급차에 실려가신 후로 집에 다시 돌아오지 못했다. 수술 이후에는 할머니를 집에서 돌볼 여력이 안 되었다. 할머니는 요양병원에 있던 2년간 '순해졌다.' 괄괄하던 성격도 온데간데없이 몸이 조그맣게 쪼그라든 할머니를 보며 삶이 허망하다는 생각도 했다. 병문안을 갈 때마다 할머니는 "(병원비

가) 하루에 얼마로?" 하고 읊조렸는데 그때마다 엄마가 "나라에서 다 해줘요"라며 안심시켰다. 할머니는 마지막 1년 동안 가족의 얼굴을 거의 알아보지 못했다.

엄마는 할머니를 보낸 후 연명치료를 원하지 않는다고 가족들에게 '선언'했다. 가족들은 '반대'했다. 죽음은 먼 미래 일이라고 여겼다. 그렇다고 아프면 누가 돌볼 건지 대안이 있는 것도 아니었다. 코를 찌르는 약품 냄새, 병실 텔레비전 주위로 둘러앉아 있던 나이 지긋한 간병인들, 머리를 바짝 깎아 성별을 구분하기 어려운 노인들…. 요양시설은 무기력한 현실을 직면하게 하는 공간 같았다. 요양병원 내 학대를 다룬 기사에는 줄곧 '안락사를 허용해야 한다'는 다소 극단적인 주장들이 펼쳐지곤 했다. 늙고 병드는 것은 '더러운 꼴'일 수밖에 없을까? 누구나 원하는 결말이란 결국 죽음을 사회에서 없애는 것인가?

그렇다고 집에서 임종하도록 하는 게 옳다는 말도 아니다. 돌이켜보면 병원에서의 죽음이 불행이냐 물으면 꼭 그렇지만은 않았다. 2년 동안 쇠약해져가는 할머니를 바라보며 해묵은 미움을 찬찬히 정리할 수 있었다고 엄마는 종종 말했다. 집에서 24시간 간병을 했다면, 또 병원에서도 간병인을 쓰지 않았다면 그렇지 못했을 것이다. 좋은 죽음이 무엇이냐는 질문은 '누구의 돌봄을 받을 것인가'라는 말의 양면이었다. 존엄한 죽음을 논할 때 우리는 그 사실을 자주 잊는다.

우리는 모두 죽음의 이해당사자다. 질병과 나이 듦, 돌봄 문제로부터 자유로운 사람은 없다. 내 부모가 아프면 누가 돌볼 것인가, 또 나는 누구의 돌봄을 받을 것인가. 죽음에 대한 이야기가 터부시될수록 가족 내 약자, 여성 혹은 불안정한 저임금 노동자에게 전가되고 있을 뿐이었다.

인터뷰마다 '어떻게 죽고 싶나요?'라는 질문을 하기까지 참 망설여졌다. '이런 질문을 해도 되나?' 무례하진 않을지, 가까스로 버티고 있는 사람들을 더 힘들게 하는 질문은 아닐지 걱정되었다. 예상과 다르게 죽음에 대해 궁리해온 사람들의 대답에는 무거움이나 슬픔은 거의 느껴지지 않았다. 집에서 편하게 죽는 것이 소원인 80세 할머니, 치료제를 기다리지 않고 아픈 채로 살다가 떠나고 싶다는 질병당사자, 유언장 대신 '돌봄장'을 쓸 계획이라던 지역공동체 주민에게 죽음은 그리 무거운 소재만은 아니었다. '어떻게 죽을 것인가' 생각하는 이들은 관계를 살피고 공동체와 연결되고자 했다. 죽음을 이야기한다는 건 결국 '어떻게 살 것인가'라는 질문과 맞닿아 있었다.

이야기가 모이면 변화를 만듭니다

우리만의 고민은 아니다. 어디에서나 중환자실의 풍경은 비슷했다. 중환자실의 환자들은 인공호흡기와 튜브(관), 장비에 둘러싸인 채 임종을 맞는다. 생의 마지막 순간 환자가 보는 얼굴은 의료진이다. 가족들은 죽음을 기다리는 일 말고는 할 수 있는 것이 없다. 미국 캘리포니아의 내과 의사 쇼셔너 언저라이더가 레지던트 시절 매일같이 보던 광경이다. 그는 환자가 삶의 마지막에 원하는 것이 이런 모습이었을지 질문했다. 콧줄을 끼우고 약물을 주입하는 일 대신 좀 더 인간적인 죽음을 모색하고 싶었다.

아프고 늙고 죽는 것은 누구나 겪는 보편적인 일임에도 왜 공적 영역에서 좀처럼 이야기하지 않을까? 개개인의 파편화된 경험들이 모이지 않으면 시스템의 변화를 기대하기 어려웠다. 언저라이더가 2017년 '엔드웰 프로젝트(End Well Project)'를 시작한 이유다. 그는 호스피스 의사와 간호사, 정신건강 전문의부터 보건정책 전문가, 간병인, 질병 당사자, 가족 간병 당사자 등 죽음을 목격했거나 준비하고 있는 이들을 한자리에 불러 모았다. 엔드웰의 구호 중 하나는 '우리는 서로 연대하고 위안을 나누고 해결책을 찾을 것이다'이다.

제4회 엔드웰 심포지엄은 2020년 12월 10일에 열렸다. 매년 열리는 심포지엄은 강연 플랫폼인 '테드(TED)'와 유사하다. 온라인으로 중계되며 참가비는 무료다(endwellproject.org). 2020년 심포지엄에서는 〈어떻게 죽을 것인가〉(부키, 2015)의 저자이자 외과의사인 아툴 가완디가 '죽음이라는 렌즈를 통해 우리의 삶을 써내려가는 법'에 대해 강연했다. 캐나다에서 노숙인을 위한 호스피스 활동을 하는 완화의료 전문의 나히드 도사니, 가족 돌봄 당사자인 에이샤 애드킨스 등 연사 35명이 자신의 경험을 들려주었다. 애드킨스는 가족 간병을 하는 밀레니얼 세대 청년들이 소외되지 않도록 정보와 자원을 알려주고 서로 연결하는 '아워턴투케어(Our Turn 2 Care)'라는 온라인 플랫폼을 운영한다. 의료진들의 목소리만큼 환자를 돌보는 가족들의 경험담과 고충은 엔드웰이 주목하는 주요 이슈 중 하나다.

삶의 마지막 순간에 듣고 싶은 음악은 무엇인가? 당신의 소셜미디어 비밀번호는 누구에게 넘겨줄 것인가? 장례식에서 어떤 음악을 틀어주길 원하나? 엔드웰은 참석자들에게 '사랑하는 사람들과 이런 질문을 나누라'고 권한다. 이런 것들은 사소해 보이지만 임종기에 임박해 결정하기는 어려울지도 모른다. '당신의 이야기를 들려주세요. 이야기가 모이면 변화를 만듭니다. 변화는 정책을 바꿉니다.' 엔드웰이 죽음을 터놓고 말할 공간을 만드는 이유다. 우리에게도 죽음을 보다 가볍게 이야기할 수 있는 공간이 필요하다.

다시 돌아올 수 없는 한 사람을 위하여 나경희

'아름다운 동행, 행복한 삶'. 사단법인 '호스피스코리아'의 슬로건에는 생의 말기나 죽음을 암시하는 단어가 등장하지 않는다. 환자가 눈을 감기 직전까지는 살아 있는 삶이고, 그 마지막 순간까지 행복을 누릴 수 있도록 함께 동행하겠다는 의지를 담고 있는 문구다. 이복희 호스피스코리아 이사는 '임상 현장에 계신 분들은 다 똑같은 마음일 것'이라고 말했다. 이복희 이사는 보건소와 호스피스 완화병동에서 일하다 퇴직한 사회복지사다.

호스피스코리아의 시작은 2007년 설립된 '보바스호스피스후원회(후원회)'다. 경기도 성남시에 위치한 '보바스기념병원 호스피스완화의료센터(보바스 완화의료센터)'를 후원하는 단체로 출발했다. 2003년 문을 연 보바스 완화의료센터는 당시 성남시의 유일한 호스피스 병동이었다. 2006년 성남시와 보바스 기념병원은 국내 최초로 '저소득층 말기 암 환자 임종지원사업' 협약을 맺기도 했다. 지금까지도 그 협약은 이어져 저소득층 환자의 호스피스 의료비를 성남시와 병원이 각각 절반씩 부담하고 있다.

아직 호스피스·완화의료 수가제도가 도입되기 전 후원회의 목표는 건강보험 혜택을 받지 못하는 환자에게 의료비를 지원해줌으로써 경제적 부담을 낮춰주는 것이었다. 2015년 호스피스·완화의료 수가제도가 시작되면서 후원회는 보바스 기념병원에서 독립해 나왔다. 이때 '호스피스코리아'로 이름을 바꿨다.

호스피스코리아의 가장 큰 특징은 전문성이다. 호스피스코리아에 속한 정회원 120명은 호스피스 전문의나 간호사, 사회복지사, 전문교육을 받은 요리사·원예가·네일아티스트 등 각 분야 자원봉사자들이다. 자원봉사자들이 호스피스 전문교육을 들을 수 있도록 경제적으로 지원해주는 것도 호스피스코리아의 역할이다. 각자 전문성을 지닌 회원들은 지역사회 보건소나 병원에서 의뢰가 들어오면 팀을 꾸려 가정방문 초기 평가를 나간다. 해당 환자가 호스피스 병원에 입원할 경우 호스피스코리아에서 간병비 일부를 지원한다. 저소득층 가정방문 호스피스 비용도 부담한다. 정회원이 아닌 후원회원은 정기후원 등으로 이들의 활동을 지지해준다. 정회원 대부분이 속해 있는 한국호스피스완화의료학회에서 암 환자를 대상으로 학술연구 사업을 할 경우 비용을 지원해주기도 한다. 국내에서 전문가 양성과 의료비 지원, 학술연구 등 활동 영역을 폭넓게 아우르는 호스피스 단체는 아직 호스피스코리아가 유일하다.

현재 호스피스코리아에서 중점을 두고 있는 건 '지역사회 사각지대 메우기'다. 임종을 앞둔 사람이 몇 시간 동안 차를 타고 도로 위를 헤매는 건 바람직하지 않기 때문이다. 이복희 이사는 호스피스서비스가 지역사회 안에 녹아들어야 한다고 강조한다. 보건소를 중심으로 알코올 중독 상담이나 정신건강 상담, 가정방문 사업 등의 건강관리 사업이 진행되고 있는 것처럼, 호스피스서비스도 공공의료 사업 영역으로 들어가야 한다는 의미다. 임종을 맞은 환자는 다시 돌아올 수 없다. 언젠가 말기 암 환자뿐만 아니라 장애 환자, 와상 환자 등 다양한 환자들을 위한 일대일 맞춤형 호스피스서비스를 제공할 수 있는 커뮤니티를 만드는 게 호스피스코리아 회원들의 꿈이다.

"선생님, 집에 가고 싶어요" 김호성

"의사 양반, 나 이제 몸 안 아파. 그러니까 나 집에 한번 다녀와도 되는 거지?"

"증상에 호전이 있으시다니 정말 다행이네요."

"그래. 어제는 푹 잤어. 전에 큰 병원에서는 아파서 잠을 잘 못 잤는데 여기 와서 얼마 만에 잘 잤는지 몰라. 그런데 말이야, 내가 좋아지면 한번 집에 가도 되겠지?"

"약물치료 계속 받으시면서 증상 조절이 안정되어야 저희가 허락을 해드릴 수가 있으니, 일단은 경과를 보는 것이 좋을 것 같습니다."

"너무 기다리지 않도록 부탁해. 지금 정도면 견딜 수 있으니까 말이야."

환자는 암 전이에 의한 심한 통증으로 잠들기 어려워했다. 호스피스 완화병동에 입원 후 적절한 약물 처치로 증상이 조절됐다. 환한 얼굴의 환자를 보면 의료진도 기분이 좋다. 통증 없이 환한 환자의 얼굴은 호스피스 의료진들이 여러 어려움에도 불구하고 보람을 느끼며 일하는 이유기도 하다.

아버지의 비밀

"선생님, 병실로 좀 와주세요! 환자분 섬망이 심해져서 계속 침대에서 일어나서 어디로 가자고 하세요!" 기쁨은 잠시다. 간호사 목소리가 다급했다. 불과 며칠 전까지 약물 조절로 상태가 호전되었던 환자는, 갑작스런 인지 상태와 행동에 변화를 가져오는 '섬망'이 생겼다. 섬망은 의학적으로 '가역적'이기 때문에 적절한 처치를 하면 회복될 수 있다. 하지만 체력이 떨어진 말기 암 환자들에게 생기는 섬망은 쉽게 '말기 섬망'으로 넘어가며 대개 악화되는 경과를 밟는다. 섬망을 조절하지 않으면 환자의 생존 여명에 영향을 미칠 수 있기 때문에 적절한 조절을 하도록 최대한 노력한다.

"환자분, 위험하니 침대에 올라가시죠. 저희가 도와드리겠습니다."

"우어어어··· 안돼··· 가야 돼."

"어디를 가신다고 그러세요. 지금은 체력이 떨어졌으니 안정을 취하시는 게 급선무입니다."

"우어··· 여기가 어디야··· 집에 가야 돼, 집에."

침상에서 계속 내려오려고 하는 환자를 겨우겨우 몸으로 막고, 섬망 조절 약물 투여를 간호사에게 지시했다. 잠시 안정을 취한 듯한 환자는 다시 침상을 박차고 일어나 병실 문을 향해 돌진한다. 간호사가 약물을 가져오는 사이, 나는 손으로 환자의 몸을 잡고 힘을 주어 침상으로 눕히려고 한다. 하지만 환자의 힘이 만만치 않다. 다시 팔꿈치를 잡고 무릎을 잡아 사지의 억센 힘을 겨우겨우 막으면서, 옆에서 불안에 떨고 있는 보호자에게 도와달라고 부탁한다. 성인 두 사람이 환자를 침상에서 제어하고 있는 동안, 간호사는 섬망을 조절하는 약물을 환자의 혈관 속으로 투여한다. 주사는 섬망의 치료제가 아니다. 섬망으로 생기는 행동억제를 목적으로 쓰지만 효과는 항상 미지수다. 다행히 환자는 흥분 상태가 가라앉아 잠시 수면을 취한다.

"환자분 어제 많이 힘들어하셨던 것 기억하세요?"

"어제? 그랬나? 기억이 안 나… 그냥 내 머릿속이 사라진 것 같아."

"어제 집에 계속 가고 싶다고 그러셨어요. 집에 가서 어떤 걸 하시려고 그렇게 가고 싶어 하세요?

"많지, 가야 할 이유…."

환자의 체력은 섬망 이후 현격히 떨어졌다. 통증은 조절이 되지만 심한 섬망이 자아를 한번 흔들어놓으면 환자 얼굴은 점점 흐릿해져간다. 소리는 들리지만 마음으로 전해지지 않고, 눈은 주변 사람이 아닌 허공을 응시한다. 흡사 환자의 마음이 부서져 진눈깨비처럼 흩날리는 것 같다. 통증이 조절되어 내심 안심하던 호스피스 의료진은 마음이 무거워진다. 섬망은 통증보다 조절하기 어렵고, 환자의 체력 저하를 더 잘 보여주는 증상이기 때문이다. 입원 다음 날 그가 부탁했던 이야기가 계속 생각났다. 보호자 면담을 요청했다.

"아드님. 호스피스에 오시는 모든 환자분들이 상태가 괜찮아지면 집에 가고 싶어 하시긴 해요. 그런데 아버님은 유독 다른 환자분들보다 더 가고 싶어 하시는 것 같아요. 섬망이 생겨도 계속 집을 찾으시고. 저희가 알지 못하는, 무의식 속에 집에 반드시 가셔야 하는 이유가 있으신 것 같아요. 혹시 아드님은 알고 계신 것이 있으신가요?"

"안 그래도 찾아뵙고 드릴 말씀이 있었어요. 상태가 괜찮으시면 꼭 아버지를 집으로 모시고 싶었습니다. 큰 병원 있을 때 통증이 잘 조절되지 않을 때도, 아버지는 집에 꼭 가야 한다고 말씀하셨어요. 사실 아버지가 통증이 악화되어 큰 병원으로 가시기 전까지 치매를 앓는 어머니를 돌봐주고 계셨어요. 저희가 아버지 걱정에 어머니를 요양병원에 모시자고 해도 아버지는 끝까지 어머니를 당신이 집에서 간병한다고 하셨거든요. 어머니가 아버지를 잘 알아보시지 못해도, 아버지는 그런 어머니 곁에서 식사와 용변 등을 다 챙겨주셨어요. 이제는 집에 가도 어머니가 계시지 않는 것을 아시는데도 계속 집에 가자고 하시는 거죠."

환자는 이후 또다시 섬망이 생겼다. 자아는 더 분열되었고, 우리의 목소리는 그에게 닿지 않았다. 이전의 처치는 효과가 없었다. 결국 보호자와 상의 끝에 환자를 지속적으로 편안하게 재워주는 '완화적 진정'을 실시하기로 동의했다. 환자는 진정약물이 투입된 후 다시금 편안해졌다. 그는 가끔 눈을 떠 허공에 손짓을 하거나 의미 없는 소리를 내곤 했다. 그럴 때면 보호자에게 의학적 설명을 하는 대신 환자 곁에 머물렀다. '부인을 돌봐야 하는 장소'에 가고 싶어 하는 그의 얼굴을 보호자와 함께 쳐다보며 그가 살아온 삶의 이야기를 나누었다.

삶의 기억이 만들어지고 창조되는 공간

그사이 다른 환자가 호스피스 병동에 입원했다. 회진을 돌면서 보니 그 환자의 침상 옆에 낯선 사진이 걸려 있었다. 일반적으로 병실에 붙어 있는 사진은 환자와 보호자들이 함께 찍은 사진이다. 하지만 그 환자가 붙여둔 사진은 초록색 대문의 허름한 건물로 다소 휑한 도심지 모습이었다.

"환자분, 이 사진은 뭔지 저희가 알 수 있을까요?"

"이상한 사진이죠? 제가 예전에 살던 집이에요."

"집이요? 이제는 아무도 살지 않는 것 같은데."

"맞아요. 이제는 재개발로 헐렸죠. 그래도 항암치료 받을 때 용케 가서 잘 찍었어요."

"그렇군요. 이 집에 대한 기억이 좋으신가 봅니다."

"좋은 기억만 있지는 않지요. 잘살지도 않았구요. 하지만 제 어린 시절의 소중한 흔적이 고스란히 남아 있는 곳이에요. 지금껏 제가 살아오면서 제일 행복했던 시간이었죠. 그래서 그 집 사진을 곁에 두고 있으면 허전한 마음이 좀 채워지는 것 같아요. 뭐 대단한 것은 아니지만. 저에게 부적 같은 거죠."

죽음을 앞둔 그들이, 아니 우리 마음 깊은 곳에서 끌어올리는 '집'은 어떤 의미일까. 물리적인 장소를 넘어 삶의 기억이 만들어지고, 창조되며 진화하는 관계의 공간은 아닐까. 그 공간의 의미를 말기 돌봄 현장에서 어떻게 적용하고 다시금 재창조할지는 서서히 죽어가는 우리들에게 달려 있다.

당신은 어디에서 죽고 싶습니까

김호성 ■
송병기 ●
조기현 ▲
홍종원 ◆

2020년 7월 26일(일)

서울 강북구 건강의집 의원

임종기 환자의 병실에는 대개 시선이 닿는 곳마다 사진이 붙어 있다. 딸, 아들, 손주, 반려동물처럼 일생을 통해 긴 시간 공들여 관계 맺은 대상이야말로 생의 유일한 증거라고 할 수 있기 때문이 아닐까. ㄱ씨의 병실은 조금 달랐다. ㄱ씨의 침대 머리맡에는 사람이 아닌 '집' 사진이 붙어 있었다. ㄱ씨를 담당했던 호스피스 의사 김호성 씨는 그 사진을 쉬이 지나칠 수 없었다. 호스피스 병원에서 일하는 것은 '죽음을 앞둔 환자에게 집은 무엇인가'를 사유하는 일이기도 했다.

집이 가장 사적인 공간이라면, 죽음은 가장 사적인 시간이다. 흔히들 '집에서 죽고 싶다'고 생각하지만 이 문장 안에는 짐작보다 훨씬 다양한 맥락과 현실이 중첩돼 있다. 그 의미를 헤아려봄으로써 죽음의 미래를 가늠해보고자 했다. 병원이라는 공간이 장악한 '생물학적 죽음'에 대한 담론을 '사회적 죽음'으로 확장하기 위해서라도 집은 더 많이 이야기되어야 한다. 집은 병원과 달리 죽음·질병·돌봄이 각기 다른 문제가 아닌 하나의 문제임을 폭로하는 공간이기도 하다.

■ **김호성** '죽음'을 전면에 내걸고 이야기하는 자리를 만들어야겠다는 생각은 2019년 여름 한국호스피스·완화의료학회에서 송병기 선생님 강의를 듣는 순간 시작됐습니다. '한국 말기 환자들에 대한 인류학적 고찰'이라는 제목의

강의였죠. 강의는 호스피스 병원에 근무하는 의사로서 제가 가진 현실적인 고민과도 닿아 있었어요. 예를 들면 먹지 못하는 환자에게 콧줄을 끼우는 것은 의학적인 문제를 넘어 환자와 가족, 더 나아가 사회에서 말기 돌봄 환자를 어떻게 바라보는지와 연결되는 사회문화적인 문제거든요. 그래서 학회 끝나고 송병기 선생님께 따로 연락을 드렸습니다. 이야기를 나눌수록 다른 분들은 어떻게 생각하는지, 어떻게 대처하고 있는지 궁금했어요.

● **송병기** 인류학자는 기본적으로 '현장'을 가지고 있는 사람입니다. 그 현장이 병원이든 감옥이든 종교시설이든 법원이든 삶의 구체적 현장을 기반으로 사회 구성원들의 일상을 기록하고 쟁점을 부각하고 맥락을 분석하며, 더 나아가 당대의 사회적 관계성이 어떻게 만들어지는지 탐구합니다. 제가 관심을 가지고 있는 주제는 생의 끝자락, 노화 그리고 죽음입니다. 대형 병원, 가정방문의료센터, 노인 요양원, 요양병원 등지에서 현장연구를 해왔습니다.

◆ **홍종원** 제가 일하는 '건강의집 의원'은 국내 최초로 방문진료를 전문으로 하는 1차 의료기관을 표방하고 있습니다. 집에서 돌봄과 치료가 필요한 분들에게 방문진료를 제공하는 곳이죠. 이를 테면 키가 175cm인데 몸무게는 48kg인 중년 남성을 재가요양센터로부터 소개받았어요. 허리 디스크가 파열되고 통증이 있었는데 수술이 잘못된 거였어요. 통증 때문에 아무것도 할 수 없는 상황이 된 거죠. 마약성 진통제부터 정신과 약까지 하루 20알 정

도 먹지 않으면 삶이 유지가 안 되는 상태였어요. 이분이 안 가본 병원이 없어요. 유명한 의사들 다 만나고 나서 저를 만난 거예요. 저 역시 의학적으로는 해줄 수 있는 게 없었어요. 그런데 대화 중에 이분이 딸이랑 콘서트를 보고 왔다는 거예요. '아, 이거구나' 했어요. '예전과 같을 수는 없겠지만 한 번씩 콘서트장에 갈 수 있을 정도의 몸상태를 만들어보자.' 저는 이게 의사가 환자의 존엄한 삶을 돕는 방법이고 실마리라고 생각해요. 한국 의료는 대체로 과잉이거든요. 의학은 매일 눈부신 성취를 이루고 있다고 하는데 이상하게 우리는 건강해지지 않고 의료공백은 계속해서 발생하죠. 이를테면 저는 수술 다음을 봐야 한다고 생각해요. 사고와 수술 이후에는 반드시 손상이 생깁니다. 그런데 그다음의 삶은 개인의 몫으로만 남아요. 돌봄의 부담까지 같이 바라봐야 생명을 온전하게 바라볼 수 있어요.

▲ 조기현 저는 지난 9년간 병든 아버지를 돌본 경험을 담아 〈아빠의 아빠가 됐다〉라는 책을 썼습니다. 아픔(병), 손상, 죽음은 경험하기 전에는 생각해볼 기회도 없고 '끌려가게' 되는 이슈인 것 같아요. 아버지랑 집에 있을 때 그런 상상을 많이 했습니다. '퇴근하고 문 열었는데 아버지가 죽어 있으면 어떡하지?' 이런 고민을 혼자 감당해야 하는 게 공포스러웠어요. 그래서 저에게 집은 사람과 공간이 관계 맺는 곳이 아니라 밀실 또는 밀폐의 공간처럼 단절된 곳이었어요. 죽음에 대한 좀 더 다양한 사회적 상상은 어떻게 가능할 수 있을까요? 저는 보호자, 당사

자, 시민으로서 이 이야기에 참여하려고 합니다.

불과 30년 만에 바뀐 사망 장소

- **송병기** 사람이 죽는 장소가 병원이 된 건 굉장히 최근의 상황이고 역사적으로 보면 불과 30년도 안 됐습니다. 그래서 죽음을 이야기할 때 집이라는 단어가 중요합니다. 집이라는 공간 자체가 개인에게는 가장 사적인 공간입니다. 죽음도 시간으로 치면 가장 사적인 시간이잖아요. 동시에 집은 사회적이기도 합니다. 죽음의 공간이 어쩌다 집(특정한 장소)에서 병원으로 변했는지, 또한 환자들이 어떤 집(특정한 관계망)에서 병원으로 오게 됐는지 주목할 필요가 있습니다. 오늘날 죽음은 병원 중심의 담론이 되고 대형 병원의 암, 뇌, 심장 질환을 담당하는 의사들이 관련 담론을 거의 장악하고 있는 것처럼 보입니다. 신성한 생명, 존엄한 죽음에 대해서는 이견을 달 수 없죠. 국가도 국민의 생존권을 지키기 위해 공권력을 동원합니다. 인간이 존엄하게 죽어야 한다는 데 의사들도 이의를 제기하지 않습니다. '안락사는 안 된다'고 말할 수도 있죠. 생명은 소중하니까. 하지만 그 이면은 어떻습니까. 보험회사가 보험상품을 만들 때 어떤 식으로 생명을 계산하고 있나요. 그리고 빈곤과 불평등은 질병과 굉장히 긴밀한 연관을 가지고 있습니다. 질병을 단순히 병리학적으로 환원해버리면 환자의 사회적 조건은 전혀 언급이 안됩니다. 불평등이 어디로 증발해버리고 있는지 물어야 해요.

■ 김호성 말씀하신 대로 환자가 가진 문제는 단일하지 않습니다. 가족 관계, 재정 상태, 직장 관계가 한데 얽혀 있고 어디서부터 단추를 꿰야 우리가 원하는 존엄한 죽음을 이끌 수 있을지가 참 어려운 문제죠. 현실은 복합적이고, 약간은 위선적이기도 하고요. 죽음의 모습은 굉장히 다양하거든요. 그런데 죽음과 관련해 요즘 나오는 책들을 보면 거의 자기계발서 느낌이에요. 그런 책도 어떤 부분에서는 도움이 되죠. 다만 다양한 층위를 다루지는 않는다는 거예요.

▲ 조기현 죽음을 이야기할 때 '존엄'이라는 단어만 너무 주목받는 것 같아요. 각자 처한 사회적 조건 또는 계급에 따라 이용할 수 있는 자원의 차원이 달라지잖아요. 최소한 받아야 할 기본적인 관리조차 못 받는 죽음을 가시화하기 위해 존엄이라는 말을 썼으면 좋겠어요. 책 내고 나서 학생들이나 청년들 만나보면 결론이 한 곳으로 모여요. '나는 돈 모아서 스웨덴 같은 나라 가서 안락사할 거야.' 현재로서는 상상할 수 있는 게 그것밖에 없는 거예요.

● 송병기 2019년 〈한겨레신문〉 '대한민국 요양보고서' 기사에 달린 댓글을 보면 대다수가 '그러니까 안락사를 허용하라'입니다. 2018년 〈서울신문〉 '간병살인 154인의 고백' 기사도 비슷한 반응이 많아요. 죽음 자체보다는 생의 끝자락이 너무 고통스러우니 안락사에 대한 이야기가 곧바로 나오고 있는 상황입니다. 안락사 논의가 그렇게 진행되면 안 되거든요. 맥락은 건너뛰고 깨끗하게 죽고 싶다? 불가능하죠. 결국 일상을 존엄하게 만들어내는 게

핵심이 돼야 합니다. 그런데 죽음에 대한 언어나 논의가 너무 빈약해요. 죽음이야말로 '미래'에 대한 주제인데도요. '어떤 병에 걸리면 어느 병원이, 어떤 의사가 좋다더라' 그런 언어밖에 없어요.

■ **김호성** 제가 일하는 곳은 호스피스라 제 환자들은 대부분 사망합니다. 말기 암 환자들은 대형 병원에서 받던 항암치료가 득보다 실이 많을 때 호스피스로 오세요. 당연한 말이지만 통증 조절이 되면 집에 가고 싶어 하세요. 그런데 의식이 없는 분들도 마찬가지인 거예요. 체력이 떨어지면 생기는 증상 중 섬망(의식의 주도권을 잃어버리고 무의식적으로 나오는 행동)이 있어요. 많은 환자들이 섬망 중에 "집에 가자"라고 되뇌이세요. 그렇다 보니 '인간에게 집이 뭐길래 끝까지 집착하는가?'라는 고민을 하게 돼요. 대개 집에 다녀오면 환자 상태가 안 좋아져요. 의학적인 이유는 잘 모르겠어요. 인상 깊게 봤던 〈뉴욕타임스〉 유튜브 동영상 이야기를 해보죠. 한 고령의 환자가 코로나19 의심 증상이 생기니까 응급 구조사들이 옵니다. 가족들은 환자를 병원에 보낼지 말지를 상의해요. 코로나19로 면회가 허용되지 않는 중환자실에서 쓸쓸하게 혼자 임종할 것 같다는 생각 때문이죠. 논의 끝에 결국 환자를 병원에 보내요. 아주 '작은' 기적을 기다리면서요. 이후에 그 보호자들은 '보내지 말았어야 했다'라는 이야기를 합니다. 환자는 결국 병원에서 쓸쓸히 사망했거든요. 한국도 코로나19 대규모 유행 당시 요양병원 코호트 격리로 여러 문제가 발생했는데요, 무엇보다 집과 시설의

거리가 훨씬 멀어졌습니다. 이렇게 집과 시설의 거리가 멀어진 상황에서 '앞으로 집과 시설의 거리를 어떻게 좁혀가야 할까'라는 고민이 남습니다. 하지만 거꾸로 '반드시 좁혀야 하는가?' '제3의 대안은 없는가?'라는 문제도 검토해봐야겠죠. 저희 할아버지 때만 해도 병원에서 임종하는 건 객사라고 했거든요. 집에 모시고 와 가족들과 임종을 맞이했어요. 하지만 수십 년 후 할머니는 시설에서 임종하셨죠. 여기에는 한 가족의 차이를 넘어 좀 더 역사적인 흐름이 있었을 거라 생각해요.

'생물학적' 죽음과 '사회적' 죽음

- **송병기** 죽음의 '단위'에 대해서 한번 짚고 넘어가면 좋겠습니다. 사회적 맥락에 따라 죽음의 의미는 굉장히 달라집니다. 제가 생각하기에 오늘날 한국 사회에서 '죽음'은 크게 두 단위에서 통용되고 있습니다. 첫 번째 단위는 죽음을 생물학적이고 보편적으로 정의하는 겁니다. 저는 이것을 '단수로서의 죽음'이라고 명명하고 싶습니다. 의학적 기준으로 보면 심폐사·뇌사, 또는 정부가 내놓는 사망률, 그리고 한국인들이 선호한다는 자연사 혹은 존엄사로 표현되는 죽음입니다. 죽음을 '삶의 끝'으로 보는 관점이죠. 이 관점은 추상적이고 보편적인 '신성한 생명'이라는 전제에 기반하고 있습니다. 예를 들어 매일 발표되는 코로나19 사망자 통계와 각종 방역 조치들은 국민의 신성한 생명을 지키기 위한 국가권력의 의지를 보여줍니다. 이와 함께 산업계도 국민의 생명을 지

키기 위한 각종 기술 개발, 투자, 제품 생산으로 일사불란하게 움직입니다. 정치인들과 학자들의 정책적 논의에서도 죽음에 대한 이야기는 의료 자원을 어떻게 투입해야 한다든지, 예산을 어떻게 반영해야 한다든지, 어떤 시설들을 더 지어야 한다는 등의 기술적인 논의로 흐르는 경향이 강합니다. 생명은 신성한 것이고, 그 생명을 위협하는 죽음은 통제되어야 하는 대상이니까요. 각종 웰다잉 서적들이 강조하는 좋은 죽음을 맞이하기 위한 좋은 삶의 태도나, 아침 방송에 출연한 의료인들이 말하는 무병장수를 위한 각종 지침이나, 홈쇼핑에서 불티나게 팔리는 건강보조식품이 가리키고 있는 것도 같은 방향이라고 생각합니다. 또한 2018년부터 시행된 「호스피스-완화의료 및 임종 과정에 있는 환자의 연명의료 결정에 관한 법률」(이하 연명의료결정법)은 환자의 죽음에 대한 구체적인 관심보다는 생애 말기 의료 결정을 둘러싼 교통정리를 원활히 하기 위한 신호등 같은 역할을 하고 있다고 봅니다. 이러한 의료 결정의 핵심은 생명과 죽음의 경계를 당사자들(환자·보호자·의료진)이 '합의'를 통해 정한다는 점입니다. 어디까지가 반드시 사수해야 하는 신성한 생명의 영역이고, 어디부터가 각종 기계와 약물에 의존하는, 신성한 생명의 영역 밖인지를 가려내는 거죠. 환자의 존엄사는 그 경계선 긋기에 참여한 당사자들 간의 '만족도'에 따라서 결정됩니다. 그 반대편에 또 다른 죽음의 단위가 있습니다. 노인 독거사, 빈곤으로 인한 자살, 아동 학대로 인한 사망, 과도한 노동 강도로 인한 과로사, 위험의 외주화를 비롯한 산업재해, '간병살인'을 비롯한 질병 및 돌봄을 둘러싼 개인의 경험들이 기사화되고 출판되고 있습니다. 이런 죽음은 그 개인의 사정, 사건이나 사고로서 다뤄집니다. 저는 이것을 '복수로서의 죽음'이라고 명명하고 싶습니다. 이렇게 산발적인 서사로서 존재하는 죽음은 불평등한 삶과 밀접히 맞물려 있습니다. 저는 죽음의 두 가지 단위 즉, '단수로서의 죽음'과 '복수로서의 죽음' 사이에 가치 불균형이 존재한다고 생각합니다. 이 가치 불균형은 문제입니다. 한 개인의 생물학적 죽음에 비해서 한 사람의 조건, 맥락, 관계성이 간과되고 있습니다. 또 생의 끝자락에 동반되는 누군가의 돌봄을 비가시화 시킬 수 있습니다. 더욱이 죽음을 각종 의료 기술과 시설에서 통제할 대상으로 축소시킴으로써 시민들이 불평등한 삶의 조건들을 재생산하는 사회적 기제와 해법에 주목하지 못하게 하는 결과를 가져옵니다.

■ **김호성** 죽음을 바라보는 시각을 단수·복수의 개념으로 송병기 선생님께서 잘 구분해주셨어요. 죽음이 다면적이기 때문에 '반드시 집에서 죽어야 한다'라는 당위성도 재고할 필요가 있습니다. 웰다잉을 다루는 국가 정책 또는 언론 보도를 보면 집에서 죽는 것을 '이상적'인 모델로 상정하거든요. 그러나 2018년도 자료를 보면 전체 사망자의 15%, 암 환자의 8%만 집에서 사망해요. 15%라고 하면 생각보다 많은 것 같지만 60대 이상으로 좁혀 보면 8% 정도니 실제로는 집에서 사망하는 경우가 굉장히 드문

거죠. 임종기에 다다랐을 때 보호자들이 저희한테 하는 말이 있어요. 환자의 증상이 문제가 될 정도가 아닌데 왜 입원을 했는지 물어보면 "무서워서요"라고 답을 해요. 굉장히 친밀한 가족임에도 불구하고 생명이 사그라드는 모습을 본 경험이 전혀 없는 거죠. 예전에는 할아버지나 할머니 죽음을 멀찍이 건너서라도 봤는데, 지금은 아픈 가족 구성원을 옆에서 간병할 수 있는 분들이 지극히 제한되어 있다 보니 심리적 어려움을 겪곤 합니다. 더불어 집에서 얼마나 올바르게 케어할 수 있는지에 대해서도 생각을 해봐야 해요. 가끔 요양병원 광고에 '가족처럼' 돌봐준다는 이야기가 있는데, 간병은 가족에게 하는 것처럼 하면 안 돼요. 전문가들의 손길과 개입이 필요한, 전문직화되어 있는 영역이거든요. 이상과 현실의 간극이 분명히 존재해요. 더불어 관리의 입장에선 재정절감의 효과가 있어요. 즉 시설에서보다 집에서 죽음을 맞이하게 하는 것이 국가 재정 측면에서 비용이 더 적게 들거든요. 저는 커뮤니티케어 필요를 이해하고 정책 방향을 존중하지만, 이러한 다면적인 측면을 정책 입안자들이 충분히 알고 있는지 의심될 때가 있어요. 사실 돈 있고 힘 있는 사람들은 집에서 안 죽고 큰 병원의 1인실에서 죽습니다. 지역사회가 충분히 준비되어 있지 않은 상황에서 시설에서 퇴원하는 것은 환자에게도 무척 힘든 일입니다. 조기현 선생님도 집과 시설(병원) 사이에서 고민이 많았을 것 같아요.

▲ **조기현** 커뮤니티케어 논의에서 배제된 게 '시설을 어떻게 민주

화하는가' 또 '어떻게 지역에(집과 가까운 곳에) 시설을 만드는가'라고 생각합니다. 건강보험 재정 유출을 막는다는 명분으로 환자를 집으로 보내야 하다 보니 실체도 없는 '지역사회'라는 말을 계속 붙들고 있는 거죠. 혼자 사는 분들보다 가족이랑 같이 사는 분들이 시설 입소를 더 많이 합니다. 혼자 살 때는 시설 입소를 자기가 선택할 수 있어요. 하지만 가족과 함께 살 때는 가족이 시설 입소를 결정하잖아요. 가족이 어떤 선택을 하고 움직이는지가 관건인 거예요. 이런 상황에서 시설과 집을 대립관계에 놓고 커뮤니티케어가, 지역사회가 답인 것처럼 얘기하는 거죠. 영화 〈똥파리〉를 보면 아픈 아버지와 고등학생 두 명이 단칸방에서 살아요. 제 경제적 환경도 영화와 크게 다르지 않거든요. 저희 아버지는 생물학적으로는 아직 살아 계시지만 '사회적으로도 살아 계신 걸까?' 하는 질문이 들 때가 많아요. 병으로 일도 못 하고 시설에 계시면서 친구들도 못 만나죠. 죽음이 언제 도래해도 이상하지 않은 상태예요. 그런 의미에서 사회적 죽음이라고 생각해요. 그렇다고 제가 아무 대안 없는 상황에서 아버지를 요양병원에서 퇴원시켜 집으로 모시고 올 수 없는 거죠. 집 안에 먼지처럼 죽음이 가라앉아 있다는 생각이 들 때가 많아요. 사실 집에서 케어할 수 있다면 환자에게도 도움이 되리라고 생각돼요. 아버지가 쓰시던 살림살이 같은 것들이 있으니까 그만큼 정서적으로 교감할 수 있는 게 많죠. 집에 있는 물건을 보여주면서 이야기의 물꼬를 틀 수 있는 가능성이 시설(병원)

에는 없으니까요.

● **송병기** 우리 대부분은 죽음을 납작하게 이해하죠. 질병으로 인한 경제활동의 단절 역시 죽음을 이야기할 때 간과해서는 안 되는 중요한 측면이라는 점을 조 선생님이 환기시켜주셨어요.

▲ **조기현** 돌봄에 대한 인식을 전환해야 한다는 이야기가 많이 나오는데 현재의 돌봄은 폭탄 돌리기 이상도, 이하도 아닌 것 같아요. 시장에서나 가정에서나 돌봄을 주로 담당하는 사람들이 50~60대 여성이잖아요. 직업적으로나 경제적으로나 '선택지'가 거의 없는 경우가 많습니다. 결국 약자가 폭탄을 떠안거나 쥐고 있는 상태잖아요. 이 폭탄 돌리기를 넘어서야 돌봄노동에 대한 제대로 된 가격 측정도 가능하지 않을까요. '돌봄 무임승차'를 하지 않으려면 결국 돌봄과 민주주의가 만나야 할 텐데….

■ **김호성** 저는 의대에서 돌봄의 가치에 대해 전혀 듣지 못했어요. 하지만 의학 역사를 보면 오랜 기간 '치료'할 수 있는 병들이 거의 없었기 때문에 의료진이 하는 일이 곧 '돌봄'이었습니다. 감염/급성 질환 위주로 치료할 수 있게 된 건 과학기술이 발달한 최근의 일이죠. 현대의학에서는 돌봄의 역할과 중요성이 평가절하되어 있어요. 홍종원 선생님은 건강의집에서 방문진료를 하고 계시는데, 막상 환자 집에 가면 의사가 할 수 있는 일이 별로 없잖아요. 일본의 경우 휴대용 초음파 기기가 보편화되어 있는 등 방문진료가 한국보다 훨씬 활발하다고 알고 있습니다. 그래서 의사들이 환자 집에 가면 뭘 하는지 제가 송

병기 선생님에게 물은 적이 있어요. 송 선생님께서 그러시더군요. "가서 환자를 안심시켜주던데요." 저는 그 말이 굉장히 인상깊었습니다.

◆ 홍종원 말씀하신 대로 '안심'이라는 느낌을 공유한다는 것은 대단하고 뜻깊은 경험이기도 합니다. 의사가 "안심하세요"라고 말한다고 안심이 되는 게 아니잖아요. 안심이라는 건 지속적인 관계 맺음을 통해서만 가능한 거죠. 조기현 선생님도 지적해주셨다시피 때로는 질병 자체보다 환자를 둘러싼 사회적 환경이 큰 벽이에요. 방문진료를 하는 의사로서 저 역시 좌절감을 느낄 때가 많고요. 죽음이라는 게 단순히 죽는 그 순간만의 '현상'이 아니거든요. 경제적인 문제, 가족의 유무, 한 사람이 살아온 삶의 이력 등 사회적 조건, 사회적 존재에 대한 질문을 할 수밖에 없죠. 또 우리는 흔히 건강을 '되찾고' 질병을 '박멸하는' 게 의사와 병원의 역할이라고 생각하잖아요. 병원은 죽지 못하게 하는 곳이고요. 물론 막을 수 있는 죽음은 적극적으로 치료해야겠지만, 자연스러운 죽음조차 막아버리고 있는 건 아닌지 돌아봐야 해요. 병원과 의료 전문가들이 죽음을 터부시하고 은폐하면서 죽음에 대한 부정적인 인식을 퍼뜨리는 건 아닌가 하는 생각이 들 때도 있어요.

"선생님, 죽을 것 같아요"

● 송병기 중요한 말씀입니다. 죽음을 어떻게 바라볼 것인가 하는 문제는 생명, 삶에 대한 관점과 분리할 수 없습니다. 저

는 특히 질병에 대한 인식을 확장할 필요가 있다고 생각하는데요. 질병과 고통은 다른 뉘앙스로 다가옵니다. 의료 전문가가 진단하고 판단하는 질병이 있고 또 한편에는 개인의 경험으로서 고통도 있죠. 이를테면 나는 가슴이 아픈데 의사는 괜찮다고, 아무 이상이 없다고 하는 경우가 있잖아요. 화병이 대표적인데, 어떤 관계나 상황에 화가 나서 가슴이 답답하고 아픈데 병원에서는 해줄 것이 없다고 하는 거죠.

■ **김호성** 화병은 한국 표준질병사인분류목록에 코드 설정이 되어 있습니다. DSM (미국의 정신의학회에서 발간하는 정신장애의 진단 및 통계 편람) V에는 없지만 DSM-IV에는 한국의 문화적인 배경에서 볼 수 있는 병으로 등재되어 증후군으로 분류가 되었어요.

● **송병기** 의료화(medicalization)*되는 겁니다, 이런 식으로(웃음). 즉 개인의 관계성, 경험에 기반한 아픔과 고통이 의료적 진단과 처방이 가능한 '표준 질병 코드'를 획득하고, 의사들이 다룰 수 있는 일이 되는 거죠. 의료화가 아픔과 고통을 유발한 삶의 맥락을 증발시키는 문제에 주목할 필요가 있습니다. 한편으로는 이런 의료화조차 되지 못한 개인의 아픔과 고통이 단지 주관적인 느낌, 심리적인 문제, 예민함 등으로 주변화되는 문제도 간과할 수 없죠. 사회적 규범으로서의 질병에 대한 이야기도 할 수 있습니다. 역사적으로 동성애는 정신건강의학적 질병이었

* 의료체계 안에 포함되거나 의료행위로 다루어지게 됨.

습니다. 소수자 권리 및 인권 운동을 비롯한 사회적인 논쟁을 거치면서 '비정상'으로 규정됐던 동성애가 질병이 아닌 개인의 성적 지향의 문제가 됩니다. 병가에 대한 이야기도 해볼까요. 노동자가 병가를 신청할 때, 아프다는 걸 회사로부터 인정받아야 합니다. 그렇다면 회사는 노동자의 아픔을 어떻게, 어디까지 인정하는가에 대한 질문을 할 수 있습니다. 병리학적인 분류로서의 질병, 개인의 경험으로서의 고통, 사회적 규범으로서의 아픔이 각각 분리되어 있는 것처럼 인식되지만 삶에서 질병, 고통, 아픔은 서로 긴밀하게 연결되어 있습니다. 의사가 진단을 내릴 때 증상을 호소하는 환자(혹은 보호자)의 서사가 필요하고, 병가를 인정받기 위해서 노동자는 의사의 진단서가 필요하며, 개인들의 특정한 고통이 인권과 복지의 문제가 되어 사회적 지원을 받을 수도 있는 거니까요.

◆ **홍종원** 가끔 주말에 전화가 와요. 새벽 2시에도 올 때가 있고요. 전화로 다짜고짜 "선생님, 죽을 것 같아요"라고 말씀하시는 분들이 있어요. 객관적으로 '죽을 상황'이 아니라는 걸 의사로서 알아요. 근데 저는 환자의 말을 그대로 받아들여요. '이분이 죽을 것 같다고 느꼈구나' 하는 거죠. 그리고 "안 죽어요"라고 말하는 대신 '왜 죽을 것 같다고 느끼는지'를 들어봐요. 진단을 내릴 때는 한 사람의 건강 상태만큼이나 이야기가 중요하거든요. 저한테 방문진료는 이런 의미예요. '죽고 싶다'는 말을 해도 괜찮은 사람이 되어주는 거죠. 자살 시도를 했다가

실패했다는 말을 들으면 속으로는 여러 생각이 들지만 나무라지 않아요. '건강해져야 한다'고 말하지 않고 "그래요, 우리 뭐라도 한번 해보죠"라고 말해요. 단순히 못 죽게 하는 것, 죽음을 극복하기 위해 노력하는 게 아니라 죽고 싶다는 마음이 든다는 걸 인정하고, 그런 마음이 드는 게 개인의 잘못이 아니라는 걸 같이 살펴봐요. 예를 들어볼게요. 당뇨 후유증으로 한쪽 다리는 절단이 됐고, 조현병을 포함해 정신질환을 앓고 있고, 혼자 살면서 하루 종일 집에만 계시는 분이 있어요. 요양보호사가 일주일에 세 번 정도 와서 아주 기본적인 걸 도와줍니다. 이런 처지가 이분에게는 죽을 것 같은 상황이에요. 저도 그럴 거 같아요. 그런 마음이 들 수 있다고 생각해요. 의사로서 제가 할 수 있는 나름의 치료는 같이 산책을 하는 겁니다. 이분 사는 집이 반지하인데 휠체어를 올려야 하기 때문에 자원활동가랑 같이 방문하죠. 제가 약도 드리고, 당뇨나 만성질환 관리도 해드리고, 필요한 여러 자원을 연결하고 있지만 그럼에도 이분의 삶과 상태를 사회적으로 확장하는 데는 여러 제약이 있는 거예요.

■ **김호성** 환자를 안심시켜준다는 의미는 바로 이렇게 관계성에 기초한 의료를 말하는 겁니다. 사실 물리적인 집은 그렇게 중요하지는 않습니다. 그 안에 관계가 들어가 있기 때문에 중요하죠. 홍종원 선생님이 환자의 집에 가셔서 하는 건 관계 맺기일 것 같아요. 그러면 저는 현실적으로 이런 이야기를 해보겠습니다. 과연 집에서만 관계를

맺을 수가 있는가. 사실 죽음을 앞둔 환자들과 얘기를 해보면 가족 관계가 좋지 않은 사람들이 많습니다. 그런 사람은 집에 가고 싶어 하지 않습니다. 물리적인 가정을 이상화시키는 것보다 시설에서도 '관계성'을 유지할 수 있는 환경을 조성하는 것이 더 시급하고 중요합니다. 한국 호스피스 평균 재원일수 중앙값은 2주 정도, 평균값은 3주 정도입니다. 임종까지 한 달이 채 되지 않습니다. 한 사람의 일생에 있어 굉장히 짧지만 중요한 시간임에도 불구하고 많은 보호자들이 생업 때문에 곁을 못 지키세요. 당장 먹고 살아야 하는 상황에서 보호자들은 환자 곁에 있지 못한 죄책감과 그에 따른 정신적인 어려움을 호소합니다. 더불어 의료진도 고통스러워요. 저희도 환자 곁에 보호자가 없으면 상황을 적절히 관리하기가 어렵습니다. 그래서 보호자들과 의료인 사이에 항상 보이지 않는 갈등이 생겨요. 이 때문에 호스피스 간병을 보험 급여로 뒷받침하는 제도가 있지만 이 제도를 채택하는 호스피스 기관은 전체 기관의 절반 정도밖에 되지 않습니다. 국가에서 지원하는 금액이 최저임금 정도밖에 안 되기 때문이에요. 완화병동만이 아니라, 근래 국가에서 간호간병통합의 방법으로 간병을 제도권으로 끌어들이려는 움직임은 있어요. 급성기 병원에 집중되어 있고 수도권 지역 편중화가 심합니다. 하지만 현실적으로 제일 간병이 필요한 사람은 더 이상 치료가 안 된다고 판정이 됐지만 여명이 긴 분들이에요. 그런 분들은 재정 부족을 이유로 혜택을 받지 못하고 있어요. 간병의 가치를 진단 및 치료 자원의 가치보다 평가절하하는 거죠. 나를 돌보는 사람들과의 관계성, 그 돌봄이 사람에게 주는 가치는 평가절하되어 있어요. 개인적으로는 정책을 만드는 사람들이 필요성을 충분히 인지 못하는 문제가 크다고 봅니다.

● **송병기** 죽음을 극복, 정복의 대상으로 삼는 주류적 담론이 있습니다. 특히 의료계와 산업계가 주도하고 있죠. 하지만 홍종원 선생님 말씀처럼 죽음은 개인의 서사, 삶의 경험과 긴밀하게 연결되어 있습니다. 죽음을 정복하거나 선고하는 문제로 환원하는 경향 때문에 개인의 삶의 조건과 경험이 죽음과 무관한 요소로 여겨지고 있다는 생각이 듭니다.

◆ **홍종원** 근대 사회가 생명과 죽음을 다루는 데 있어 질병과 죽음을 개인화하고 개인의 탓으로 만들고자 했던 방식들이 분명 있습니다. 질병을 개인 탓으로 만드는 국가의 방식과 의학의 방식에 대해 반성해야 한다고 생각합니다.

누가 '나'를 돌볼 것인가

■ **김호성** 의학적으로 사망에 이르기까지의 과정은 크게 세 가지로 나눌 수 있어요. 하나는 말기 암처럼 체력이 갑자기 떨어지고 통증과 여러 증상을 동반하는 과정을 거치며 임종을 하는 경우입니다. 이때는 재택 임종이 쉽지 않습니다. 한국에서는 호스피스가 이 영역을 담당하고 있죠. 두 번째는 노쇠, 치매처럼 굉장히 천천히 진행되는 경우입니다. 환경만 조성되면 재택 임종이 가능한데 이 영역

의 환자들은 대부분 요양병원에 입원해 있죠. 세 번째는 간·폐·심장·콩팥 질환처럼 질병의 경과가 들쑥날쑥한 경우입니다. 이 경우는 예후 예측이 불명확하기 때문에 급성기 병원에서 임종을 맞는 환자들이 많습니다. 적정 치료란 환자의 질병 종류, 심리적 상태, 가족 역학 등 여러 가지 요소들을 고려하고 적절한 관계성을 파악해서 적절한 장소에 환자를 보내는 것을 의미합니다. 이게 가능하려면 환자와 의료진의 관계가 중요합니다. 주체는 방문진료하는 의사일 수도 있고 주치의가 될 수도 있는데 이 두 제도가 정착되지 않은 한국 현실에서는 어렵죠. 하지만 누군가가 필요하다는 건 부인할 수 없죠. 더불어 '그것이 반드시 의사여야 할까'에 대해서도 다른 이야기를 해볼 수 있어요. 방문 간호사가 될 수도 있죠. 이렇듯 적절한 사람을 적절한 곳에 보내는 게 제일 중요한 의료시스템 디자인이라고 했을 때, 그 디자인의 구조가 앞서 말씀드린 '관계성'을 만드는 데 중요하다고 생각됩니다.

▲ **조기현** 베르톨트 브레히트의 '게스투스(Gestus)'*라는 개념이 있습니다. 배우에게 '당신은 탄광촌에서 일하는 노동조합 운동가다'라고 했을 때 배우가 대사 중간중간 기침하면서 가슴을 부여잡는 등 동작을 구상하겠죠. 내가 겪어보지 않은 삶은 판단이 기계적이거나 기술적으로 이뤄질 수밖에 없다는 의미입니다. 타인과 직접적인 관계를 맺

* 사회적인 관계가 드러나는 전형적인 태도의 연기.

고 있어도 구체적으로 상상할 수 없으면 자잘하게 판단의 오차들이 계속 생기거든요. 가족이라고 해도 말이죠. 아버지를 대할 때 저도 마찬가지고요.

◆ 홍종원 저는 돌봄을 '시간을 함께 보내는 것'이라고 봅니다. 질병 당사자와 가장 많은 시간을 보낸 사람이 제일 잘 아는 거죠. 그런 의미에서 돌봄이 중요한데, 병원(시설)은 다층적으로 돌봄이 이뤄지고 있는 공간임에도 불구하고 서사가 표백화되기 쉬운 공간입니다. 병원에서는 삶의 맥락이 무시될 가능성이 높죠.

● 송병기 '병원에서 죽는 것은 나쁘고, 집에서 죽는 것은 좋다'라는 도덕적 이분법은 주의해야 할 것 같습니다. 폭력적인 가정도 있고, 서로 사이가 매우 나쁜 가족도 있죠. 집에 아무도 없어서 돌봄이 전혀 안 되는 상황에 놓인 사람도 많습니다. 이런 경우 집이 아니라 시설에 머무는 것이 훨씬 나을 수도 있습니다. 사실, '행복한 집'이라는 말은 산업사회 재생산에 기여하는 이데올로기로 작동해온 측면이 있습니다. 남성 노동자가 안정적으로 공장과 회사에서 일을 할 수 있도록 여성은 가정에서 양육과 가사를 전담했죠. 성별화와 가부장적인 위계가 내포되어 있기도 합니다. 또한 그 가족이 회사와 공장에서 만든 각종 서비스와 상품을 소비하며 산업 사회를 지탱해온 구도에서 집은 안정적인 장소가 되어야 했습니다. 우리가 지금 집을 이야기하는 이유는 죽음을 둘러싼 개인들의 관계성과 삶의 결을 좀 더 폭넓게 살펴보기 위함입니다. 한국인 10명 중 8명은 시설, 특히 병원에서

죽음을 맞이합니다. 하지만 환자이기 이전에 한 개인으로서 삶의 경험이 존재합니다. 콜센터에서 10년간 일을 했던 한 여성에 대해 이야기해보죠. 콜센터 상담사는 흡연율이 높기로 유명한 직군입니다. 여러 콜센터에서 사내 흡연실을 구비해놓고 있고, 상담사들은 극심한 감정노동을 흡연으로 해소하게 됩니다. 이러한 노동 조건, 노동 환경에 장시간 노출된 한 여성이 어느 날 폐암을 진단받았습니다. 이 여성은 홀로 아이를 돌보고 있고, 부양해야 할 노모도 있는 상황이었습니다. 경제활동을 중단하고 언제까지, 어떤 치료를 받을지, 자신이 투병생활을 할 때 누가 자신의 자녀와 노모를 돌봐야 할지, 또 자신은 누구에게 돌봄을 받아야 할지 등 상당히 복잡한 문제에 맞닥뜨리게 됩니다. 이렇듯 환자는 시설이나 병원에 가기 전에 이미 질병, 돌봄, 죽음을 둘러싼 다양한 삶의 맥락 안에 존재하고 있다는 사실을 주목할 필요가 있습니다. 질병이 병원으로 가는 게 아니라 관계가 질병을 안고 병원으로 가는 것입니다. 의료진들은 환자나 보호자를 병원에 온 시점에서부터 봅니다. 환자복을 입은 상황, 의료적 진단을 통해서 보는 거죠. 사회복지사나 간호사가 환자의 가정환경을 체크하기도 하지만, 한계가 있습니다. 이런 관점에서 본다면 의료 결정은 의료적 진단으로 두부 자르듯 되는 것이 아닙니다. 암이든, 급성이든, 만성이든 환자의 기존 일상, 삶의 조건, 관계성에 따라 의료 결정을 둘러싼 의료적·윤리적·경제적 갈등이 다양하게 나타날 수 있습니다. 제가 만났던 암 환자 이야기도 해볼까요. 아시다시피 상급 종합병원에서는 입원을 오랜 기간 할 수 없습니다. 서울대병원 경우는 2주를 권장하고 있습니다. 집중치료가 아니면 대학병원에서는 굳이 할 게 없다고 보는 경향이 있습니다. 상급 종합병원에서는 더 급한, 중환자들을 우선적으로 분류합니다. 암 수술 후 요양은 요양병원 등을 이용하라고 권합니다. 그런데 만성질환을 겪는 노인 환자 중심의 요양병원 환경에서 오히려 스트레스를 더 받는다고 말하는 사람도 있어요. 차라리 집에 있는 게, 익숙한 공간에서 내가 아는 사람들 주변에 있으면서 약을 먹고 가끔 큰 병원에 오가는 게 더 낫다고 판단하는 거죠. 하지만 요양병원도, 집도 불안한 공간이기는 마찬가지예요. 가족들이 생계활동을 위해 장시간 집을 비우는 경우, 가족이 없는 경우, 간병인을 둘 수 있는 경제적 여력이 없는 경우에 갑자기 아프면 어떻게 해야 할까요. 구급차를 누가 불러줄 것인가, 혹은 상태가 매우 나쁠 때 식사는 어떻게 해야 하나, 집 청소는 어떻게 하나 같은 문제들이 줄줄이 이어집니다. 이렇듯 죽음 이전에 질병, 돌봄, 삶의 조건과 문제가 집과 시설 모두에 걸쳐 있다는 점을 인지할 필요가 있습니다. '집에서 죽을 것이냐, 병원에서 죽을 것이냐'가 문제의 본질이 아니라고 봅니다.

■ **김호성** 시간이 지날수록 출생률 저하, 노령 인구 증가, 1인 가구 증가로 가족이 관계 맺는 형식과 맥락이 달라질 겁니다. 가족이 아니라 나와 전혀 모르는 타인이 나를 돌보게 될 가능성이 높겠죠. 그런 상황을 어떻게 제도적

으로 잘 뒷받침하느냐가 '존엄한 죽음'의 중요한 요소가 될 겁니다. 자본주의 사회에서는 돌봄노동의 가치를 인정하는 게 돈이죠. '관계성의 핵심인 돌봄의 가치를 어떻게 하면 올릴 수 있을까'와 관련해 고민이 있습니다. 현실적인 필요는 계속 발생하고 간극은 벌어지고 있죠. 홍종원 선생님 같은 분이 많이 있으면 좋겠지만, 별로 없어요. 지방에 살고 있는 제 가족이 홍종원 선생님 같은 분께 돌봄을 받을 수 있을까요? 회의적이에요. 제 가족뿐만 아니라 많은 분들의 가족들이 노쇠해서 말기가 되었을 때 누가 돌봐주느냐는 거죠. 이때 제도적인 측면이, 즉 돈이 어떻게 쓰이는지와 관련한 이야기가 중요하다고 생각해요.

- **송병기** 대부분 사망 경로가 요양원, 요양병원, 대형 병원 등 시설에 집중됩니다. 집에서 아픈 사람을 돌볼 여력이 없는 거죠. 가족 돌봄을 하고 싶어도 생계가 막막하고 본인의 건강을 잃을 위험도 있고요. 가령 20대 청년이 아픈 부모를 돌볼 수 있을까요. 군대에 갈 수도 있고, 중요한 시험 공부를 하는 경우도 있고, 학교생활을 하거나 생계활동을 할 수도 있잖아요. 이런 사회 활동을 유보하고 누군가를 돌보기는 거의 불가능합니다. 이런 현실에서 돌봄이 시설에서 이뤄지는 것은 자연스러운 흐름이고요. 환자 보호자들은 시설에서 의료와 돌봄을 함께 해주기를 기대합니다. '시설에 있으면 집에서보다는 환자를 잘 돌봐주겠지'라고 생각하는 거죠. 하지만 정작 의료진과 시설 관리자들은 돌봄을 자신의 일이 아니라고 생각하

는 경향이 있습니다. 이들에게 돌봄은 가족이 해야 하는 사적인 일에 가까워요. 그나마 노인장기요양보험 혜택을 받는 요양원에서는 요양보호사들이 입소자들의 식사 수발, 배설 처리, 이동 지원 등을 맡습니다. 병원에서 자체 간병인을 고용하는 경우도 있지만 보통은 보호자가 이러한 돌봄을 직접 하거나 하루 10만 원 정도를 지불하고 개인적으로 간병인을 구해야 합니다. 문제는 돌봄노동자들의 노동 조건이 매우 열악하고, 또 한편에서 그들의 서비스가 충분하지 않다는 환자와 보호자들의 불만도 상당합니다. 한 사람의 생애 초기와 마찬가지로 생애 말기에도 돌봄은 필수입니다. 하지만 우리는 돌봄을 가족이, 사적으로, 공짜로, 시간 있는 사람이, 특히 여성이 알아서 하는 일이라고 암묵적으로 전제하는 경향이 있습니다. 돌봄의 시장 가치가 낮다는 문제 이전에 돌봄을 노동이 아니라고 인식하는 기제를 지적할 필요가 있습니다.

▲ **조기현** 미국의 정치철학자 낸시 프레이저에 따르면 시대마다 생산 영역과 재생산 영역을 어디까지로 규정할 것인가 하는 범주 투쟁 과정이 있다고 하죠. 과거에는 4인 가족을 기준으로 돌봄이나 사적인 복지자원의 분배가 이뤄졌다면 이제는 불가능하잖아요. 그런 의미에서 '생산을 벗어난 것'을 어떻게 사회적으로 인정하느냐에 대한 방법을 고민할 때라고 봅니다. 요즘 예술인 고용보험이 되잖아요. 예술이라는, 생산이 아닌 영역을 어떻게 사회적으로 인정하느냐의 방식을 엿볼 수 있죠. 상병수당이 돌

봄수당의 하나로 제도화되는 것도 중요합니다. 가족돌봄휴가가 생겼지만 1촌 직계혈족만 사용 가능하고 무급인 데다가 막상 쓰려고 해도 동료나 상사 눈치 보여서 잘 못 쓰잖아요. 가족을 넘어서는 다양한 관계의 돌봄이 불가능하게 만드는 벽인 거죠. 또 출산휴가처럼 유급으로 제도화할 필요도 있어요. 돌봄이라는 행위 자체의 '가격'을 사회적으로 인정한다는 의미로요. 결국 돌봄 친화적인 고용환경을 어떻게 만드느냐의 문제라고 봅니다.

- **송병기** 현재 우리는 의료가 죽음을 다루는 지배적 담론이 된 특정 시대를 이야기하고 있습니다. 무슨 말이냐 하면, 유교 문화였던 조선시대에는 죽음이 의료가 아니라 제사와 긴밀히 연결되어 있었거든요. 제사를 어떻게 할 건가에 따라 권력이 움직이고, 집안에서 서열이 매겨지고, 재화가 유통되고 소비됐습니다. 해방 이후 시기에 죽음은 냉전 이데올로기 대립 및 한국전쟁과 맞물리게 됩니다. 우리가 전쟁 세대가 아니라서 이야기를 안 하고 있는데, 그 사회적 트라우마는 제주 4.3이나 좌익활동을 했던 사람의 제사를 모실 수 있느냐 없느냐 하는 일상적 문제까지 파고들어 오늘날까지도 지속되고 있습니다. 그리고 차차 의료가 죽음을 다루는 주된 담론이 되어가는데, 그 시발점이 되는 시기가 1963년입니다. 박정희가 대통령에 취임한 해입니다. 오늘날 국민건강보험의 원형이라고 볼 수 있는 의료보험법이 1963년 12월에 제정됩니다. 이 법의 함의를 세 가지로 간략하게 살

펴보면 어떨까 합니다. 첫 번째로, 군사쿠데타로 권력을 장악한 박정희 정권의 정당성 문제를 희석하기 위한 하나의 도구로서 의료보험법이 등장했다고 볼 수 있습니다. 그 법을 시행하기 위한 재정 및 행정적 여력은 없는 상황이었지만 헌법에 언급된 국가의 사회보장 의무, 즉 국민의 삶을 챙긴다는 선언적 메시지가 주는 효과가 있었습니다. 두 번째로, 냉전 시대에 북한과의 체제 경쟁에서 우위를 가질 필요가 있었습니다. 최근에도 북한에서 한국의 민간 단체가 살포한 삐라(전단)를 문제 삼으면서 남북 공동연락사무소를 폭파시켰잖아요. 1960년대에도 삐라는 존재했습니다. 북한이 한국에 보내는 삐라에 보건의료를 포함한 사회주의체제의 우수성을 알리는 내용이 주로 담겼고요. 박정희 정권은 체제의 우월성을 알리기 위해서라도 의료보험법을 제정할 이유가 있었습니다. 세 번째로, 동원식 산업화를 위한 도구로서 의료보험법을 살펴볼 수 있는데요. 고도압축적 산업화의 필요성은 앞서 언급한 두 가지 배경, 즉 정권의 정당성과 북한과의 체제 경쟁과 연결됩니다. 빠른 시간에 산업화를 하기 위해서는 노동력, 다시 말해 '국민의 몸'을 국가가 적극적으로 관리할 필요가 있었습니다. 특히 일하지 않는 몸, 병든 몸, 늙은 몸은 산업화의 발목을 잡는 요인입니다. 의료는 이런 몸들을 효과적으로 관리하기에 아주 좋은 도구가 될 수 있었습니다. 이 의료보험법을 시작으로 등장한 의료보험이 유신정권, 전두환·노태우 군사정권 그리고 김영삼 정부를 지나는 동안 조합 식으로 지지부진하게 운영되다가 김대중 정부 들어서 전국민 건강보험으로 통합됩니다. 저는 앞서 언급한 1963년 의료보험법을 둘러싼 세 가지 측면이 아직까지도 정부 정책에서, 기업의 기획서에서, 의료인들의 병동에서 유령처럼 떠돌아 다닌다고 봅니다. 더 나아가, 저는 이러한 국가 주도의 산업화와 의료화가 사망 장소의 변화와도 긴밀하게 연결되어 있다고 봅니다.

■ **김호성** 통계를 보다가 의아했던 게 2000년대만 해도 집에서 사망하는 비율이 50%에 육박해요. 그때까지만 해도 집에서 꽤 많이 임종을 했었던 겁니다.

● **송병기** 1990년대 초에 나온 사망원인 통계에 흥미로운 점이 있습니다. 약 22%를 차지한, 사망원인 2위에 해당하는 '증상 불명확'이라는 카테고리의 존재입니다. 이걸 조금 더 들여다보면, 우리가 흔히 노환이라고 불렀던, 노인이 집에서 앓다가 돌아가시는 현실을 반영하고 있는 겁니다. 또 대부분의 사람들이 집에서 죽었기 때문에 의사가 환자의 상태와 사망원인을 즉시 판단하고 사망선고를 할 수 있는 상황이 아니었습니다. 김호성 선생님 말씀처럼 2000년만 해도 병원사가 약 50%입니다. 2008년에는 약 68%에 이르고, 2018년에는 약 80%로 올라옵니다. 이 과정에서 '증상 불명확'이라는 카테고리는 사라져요. 1990년 초만 해도 '늙어서 돌아가셨겠지' 했던 것들이 현재는 각종 질병의 이름으로 진단된다는 의미입니다. 이런 사회적 맥락 안에서 돌봄을 숙고할 필요가 있습니다. 과거 집에서 노인, 환자, 아이를 돌봤던 여성

들이 대거 노동시장에 진입했잖아요. 아이들은 유치원에 가고, 노인은 복지관에 가고, 아픈 사람은 병원에 갑니다. 현재도 여전히 직장이 있든 없든 다수의 여성들이 집에서 돌봄을 전담하고 있지만, 일정 부분은 시설로 건너갔다고 볼 수 있죠. 바꿔 말해 산업화 시기, 대부분의 사람들이 집에서 사망하던 시기에 죽음은 여성의 돌봄과 긴밀하게 연결되어 있었어요. 돌봄이 가족의 도리, 효, 성별 분업의 문제로 여겨졌습니다. 그렇다면 의료화와 시설화가 확대되면서 여성의 손을 떠난 돌봄은 철저히 사회화되었느냐는 질문을 할 수 있겠습니다. 물론 아주 회의적입니다. 돌봄은 여전히 여성들이 저임금을 받으면서 하는 '아무나 하는 일' 정도로 치부되고 있습니다. 하지만 고도의 의료화 및 시설화와 함께 질병도, 치료도, 관리도 모두 이전보다 훨씬 복잡해졌습니다. 그리고 돌봄은 그 어느 때보다 더 필요해졌습니다. 임종기 예측이 어려운 환자의 경우도 대거 늘었고요. 기대 수명은 1990년 초와 비교해서 평균 10세 이상 늘었지만 건강 수명과 기대 수명의 현격한 차이가 존재합니다. 병원, 요양원과 같은 시설에서의 생의 끝자락 풍경이 인간적이지 못하다는 인식도 늘어만 가고요. 그 공백을 메울 수 있는 것이 돌봄이라는 활동, 노동, 가치임을 알아가고 있는 과정이라고 생각됩니다. 의례적으로 아무나 하는 일, 여성이 하는 일, 시설에 가면 알아서 해주는 일 정도로 치부했던 돌봄의 가치에 대해서 근본적으로 논의를 해야 할 때가 왔다고 봅니다.

죽음은 삶의 경험과 연결돼 있다

◆ **홍종원** 의료가 산업화됐다고 하잖아요. 근대 사회가 되면서 생명을 관리하는 기술이 고도로 발전했습니다. 어떻게 하면 효율적으로 '좋은' 신체들이 노동할 수 있게 만들고, 병든 자들을 안 보이게 할 것인지에 대한 것이 굉장히 짧은 시간안에 발전했습니다. 기대 여명은 늘었는데 역설적으로 생명이 오히려 경시되는 현상이 발생하잖아요. 요양원에 계약의사*로 가서 진료해보면 '나는 건강해서 병원 한 번 간 적 없다'고, 만날 때마다 똑같은 이야기를 하시는 치매 노인이 많아요. 치매가 있다 뿐이지 실제로 건강하세요. 간호사 선생님도 '(환자가) 너무 에너지가 많아서 관리하는 데 힘이 많이 든다'고 말해요. 이해가 안 되는 건 아닌데, 생명이 효율적으로 관리된다는 것은 굉장히 슬픈 현실이라고 생각해요. 의료의 산업화 논리를 무엇으로 대체할 수 있을지 고민이 됩니다.

● **송병기** 돌봄의 가치가 사회적으로 인정받지 못하고, 돌봄을 개인이 알아서 해결해야 하는 사적인 영역으로만 치부한다면 누가 돌봄을 하려고 할까요. '돌봄을 하다가 내 인생이 망할 것 같은 느낌이 들고, 내가 아플 것 같고' 그러면 돌봄을 하기 어렵겠죠. 이런 맥락을 살피지 않고 돌봄을 도덕적인 차원에서 평가하는 사회는 굉장히 위험한 곳이라고 봅니다.

■ **김호성** 코로나19가 심각해지고, 비대면의 중요성이 커졌어요.

* 의료인이 상주하지 않는 요양원과 계약을 맺어 월 2회 정도 의사가 찾아가서 진찰하는 제도. 과거에는 '촉탁의사'라고 불렀다.

집에 있는 환자들을 모니터링할 수 있는 보건소의 가정 방문이나 일선 병원들의 가정 간호가 거의 다 끊어졌어요. 그래서 방치되고 고립된 사람들의 이야기를 언론에서 많이 다루었죠. 이런 상황을 해결하기 위해 정부가 내놓는 방안은 그분들에게 디지털 기계를 나눠줘서 비대면 형식으로 모니터링하겠다는 식입니다. 관련 산업을 육성시킬 수 있는 장점도 있거든요. 이후에 어떤 일이 벌어질까 걱정되는 게 많아요. 차라리 2020년부터 시범 시행되고 있는 방문진료의 왕진비 수가를 올려주면 어땠을까 하는 생각을 했어요. 코로나19로 병원을 직접 찾는 환자들이 적은 상황에서, 수가를 일본 정도로만 맞춰도 왕진 나가는 의사들이 꽤 있을 겁니다. 코로나19 와중에 정말로 대전환을 할 수 있는 기회임에도 불구하고 각성은커녕 최대한 접촉을 줄이는 방향으로 가다 보니 점점 더 멀어지고 있지 않나 우려가 됩니다.

● **송병기** 돌봄은 기본적으로 접촉이거든요. 그런데 '세계에서 가장 빠른 속도로 언택트 시대를 열겠다, 선도 국가가 되겠다, 이게 뉴딜이다'라고 외치는 정치인과 기업인의 배후에 앞서 언급한 1963년의 유령이 보입니다.

◆ **홍종원** 고령자를 진료할 때는 왕진이 좋아요. 일본은 수가도 어느 정도 높게 책정돼 있고요. 부러운 게 그것만은 아니에요. 의사가 단순히 집에 가서 치료하는 것만이 왕진이 아니라 케어 코디네이터라는 직군과 포괄 케어센터, 간호 스테이션이 지역사회 안에 굉장히 촘촘하게 존재합니다. 간호사, 이웃(자원봉사자), NPO도 '왕진'을 가는 거

죠. 물론 일본도 민간이 주도하고 있어서 완벽한 시스템이라고 볼 수는 없어요. 하지만 그런 시도들이 일본의 지역사회를 지켜나갔던 모습을 생각해보면 지역사회 돌봄체계를 어떻게 만들지를 고민해야 하지 않나 싶습니다. 코로나19를 핑계로 원격의료 시대를 열 게 아니라요.

- **송병기** 불확실한 시대에 정부가 해야 할 일은 선불리 사업을 벌이기보다 시민들이 대거 참여하는 공론장을 지원하는 일이라고 봅니다. 사회 구성원들이 충분히 논의하는 시간을 가져야 합니다. 이 과정 자체가 정책 시뮬레이션의 효과도 있고요. 정부 입안자들한테도 부담이 덜 되고, 사회 구성원들에게도 정책 체감도나 정치 참여도 측면에서 중요합니다. 특히 생애 말기, 노인, 돌봄, 죽음을 주제로 다양한 토론이 이루어졌으면 좋겠어요. 개별적이고 연약해 보이는 개인들의 서사가 가진 힘이 있습니다. 한 사람의 개인 사정, 안타까운 사연, 답이 잘 안 보이는 이야기들이 모여서 어느 시점에 또 하나의 사회적 가치와 방향성을 만들어낸 역사를 우리는 이미 잘 알고 있죠.

내가 생의 마지막 시간을 보낼 때

김호성

"교수님, 어제 퇴원 면담을 했는데 환자와 가족들이 많이 힘들어하셨어요."

"진료협력센터에 이야기를 해봐야겠네요. 이제 더 이상 해드릴 것이 없는데. 빨리 요양병원이나 호스피스에 가서 완화치료를 적절하게 받으셔야 편안해지실 텐데요."

내과 2년차 전공의가 아침 회진에서 혈액종양내과 교수님과 고민을 나눈다. 첨단 진단기기, 로봇 수술, 효율적인 의료시스템을 갖추고 있는 의료 자본의 꽃인 한국 암센터에서 오늘도 벌어지는 의료진의 현실적인 고민이다. 거의 모든 암 환자들이 암의 진행 상황과 관계없이 몇 개 되지 않는 서울 대형 상급 병원에 와서 처치를 받기 원한다. 의료진들은 하루 100여 명 넘는 외래 환자를 보기 위해 최대한 효율적인 수술시스템과 입·퇴원시스템을 고민한다.

하지만 모든 병은 의학적 한계가 있다. '효율적인' 시스템의 한계도 명확하다. 환자의 질병이 만성이거나, 근원적인 치료가 어려운 상황에서는 원인보다 증상을 조절하는 것이 중요하다. 지속적인 신체적 통증과 증상을 관리해주고, 심리적인 지지가 이뤄져 고통을 최소화할 목적으로 만든 공간이 필요하다. 많은 검사와 치료보다는 더 많은 사람들의 섬세하고 따뜻한 손길이 필요한 곳이다. 이러한 돌봄 공간은 인류 역사에 필수적이었고, 모든 지역공동체마다 그런 역할을 하는 사람들이 있었다. 하지만 20세기 들어 과학과 의학의 급속한 발달로 돌봄의 가치보다는 질병을 '관리'할 수 있고 '치료'할 수 있다는 이상과 방법론 전수가 의학 교육의 목적이 되었다.

어떻게 웃을 수 있었을까

"사연이 있겠죠. 자식들이 잘 오지 않는 사연 말이에요."

"가끔 자제들이 다녀간 다음 날이면, 컨디션이 변하시는 것 같아요."

"환자도 보고 싶은 거겠죠. 하지만 어떻게 해요. 이미 지난 일인데 되돌릴 수도 없고."

나는 핵의학 전문의를 취득했지만 고민 끝에 호스피스 완화병동에서 일하고 있다. 수많은 환자들과 한 달도 안 되는 짧은 만남과 헤어짐을 반복한다. 짧은 시간 안에 많은 이야기를 나눠야 하고, 많은 일이 이루어져야 한다.

'잘 버틴' 한 환자의 하루는 무척 길었다. 다른 환자들과 달리 느린 증상 진행을 옆에서 지지해주는 보호자는 그의 자녀가 아니었다. 환자의 증상은 호전되지 않았다. 감정의 위축, 얼굴 표정과 행동양상으로 보아 우울증이 진행되는 것으로 판단하여 약물 처방도 해보았지만 마찬가지였다. 간호사 선생님들은 매일 환자의 얼굴을 따뜻한 수건으로 닦아주고, 입안을 청결하게 해주며 대답을 기대하지 않고 말을 건넸다.

"오늘 좀 어떠세요? 비슷하시죠?"

"어제는 잘 주무셨어요. 아까 아침에 얼굴을 닦아드렸는데, 웃으시더라구요."

"네? 웃으셨다구요? 정말로요?"

"정말이에요. 가서 한번 보세요."
아침 회진 전에 담당 간호사 선생님과 잠깐 이야기를 나누었다. 간호사 선생님이 정말 환자를 똑바로 보신 걸까 의구심이 들었다. 원발암에 의한 뇌 전이가 있으니, 뇌병변 환자들이 드물게 보이는 가성구마비(pseudobulbar palsy) 증상은 아닐까 의심되었다.

"어제 잘 주무셨나요? 오늘 기분은 좀 어떠세요?"
말은 정확하게 못 하지만 여느 때와 다르게 환자의 얼굴에는 자연스럽게 웃음기가 배어 있었다.

"기분이 좋으신가봐요. 날씨가 좋죠?"
환자는 미소를 지으며 고개를 끄덕였다. 우울증 약도 효과가 없었고, 환자의 신체적 컨디션이 확연히 좋아진 상황도 아닌 지금 시점에 환자의 증상 변화는 과연 어떤 이유에서일까. 문득 내가 중요한 것을 간과하고 있다는 생각이 들었다. 호스피스가 돌봄의 장소라고 이야기하면서도 정작 돌봄의 효과가 얼마나 큰지 잘 모르고 있었던 건 아닐까. 아들·딸은 아니었지만 환자를 아끼는 보호자의 지속적인 방문과 간호사 선생님들의 꾸준한 손길이 있었다. 아침마다 따뜻한 수건으로 얼굴을 닦아주고 입안 청소를 해주는 이들을 옆에 둔 환자가 서서히 변하여, 그날 아침 밝게 웃었던 것이다. 이런 돌봄의 가치는 교과서에서 전혀 배운 적이 없는 생경한 것이었다.

깊은 침묵 속에서

일본의 한 호스피스 의사가 췌장암 선고를 받은 뒤, 부인에게(부인도 의사다) 자신의 통증이 심하거나 증상 조절이 어려울 때 자기를 어떻게 돌봐주어야 할지 이야기하는 다큐멘터리를 본 적이 있다. 그 의사는 자기와 같은 상황의 환자들을 지속적으로 돌보았고 자신이 하는 일을 자신에게도 하고 싶어 했다. 시간이 지나 그는 더 이상 일을 할 수 없게 되고, 입원을 하게 되었다. 어려운 증상이 있을 때를 대비해 완화적 진정을 아내에게 부탁하였다. 하지만 아내는 남편의 목소리가 너무 듣고 싶어 완화적 진정을 중지한다. 그리고 얼마 뒤 그의 임종 시에는 너무 애달픈 마음에 심폐소생술까지 하는 모습이 나온다.

내가 생의 마지막 시간을 보낼 때 나를 돌봐줄 의료인의 모습을 상상해보았다. 너무 감정적이지 않은 사람이면 좋겠다. 말기 돌봄의 경험이 많아서 숙련된 사람이면 좋겠다. 통증이 있을 때 적절하게 진통제를 주고 가족들과 연명계획에 대해 충분한 대화를 해주면 좋겠다. 단순히 '노인의학' 전문가가 아닌 돌봄의 가치를 아는 의료진이 필요하다. 하지만 현재 의료시스템에서 그런 일을 하는 의료진을 원활히 배출할 수 있을까. 이것은 개인의 도덕성으로 되는 일이 아니다. 시스템이 존재해야 하며, 그 시스템을 만들어내기 위해서는 문화의 변화가 필요하다.

문화의 변화를 만들기 위해서는 각자 달리던 길 위에 잠시 멈추어 서야 한다. 하루 종일 건강 정보와 명의 프로그램이 나오는 텔레비전을 끄고, 새벽의 깊은 침묵 속에서 우리 안의 거대한 탑을 응시해야 한다. 절대로 무너지지 않고 하늘을 올라 '신'이 되게 하는 그 탑. 모든 이들이 우러러 보며 올라가길 원하는 그 탑에서, 어느 순간 혼자 내려와 깊은 숲속의 호수를 거닐며 호수에 비친 자기의 얼굴을 바라보는 것. 오직 스스로만이 오롯이 결정할 수 있는 실존적 결단(決斷)이다.

건강이 밑천인 세계로부터

송병기

80kg 쌀 한 가마 가격이 3000원 정도였던 시절, 병원의 웬만한 감기 치료비는 기천 원에 달했다.[1] 치료비를 내지 못하고 도망가는 환자들이 생겨났다. 환자들에게 보증금을 요구하는 병원도 나타났다.[2] 1960년대는 병원에서 사망은커녕 진료를 받는 경우도 드문 시대였다. 대부분의 사람들은 궁여지책으로 병원보다 값싼 약국을 찾았다. 약국의 과잉선전과 약제사의 자질 문제가 불거졌지만 별수 없었다. 그야말로 '유전무병 무전유병'인 시대였다.

"그들은 옆 병동에 입원했던 사내가 오늘 아침에 죽었다는 얘기를 나지막한 소리로 중얼거렸으며, 몇몇 여자 환자들은 소리 죽여 울어주었다. 그것은 마치 정숙한 제전 같았다."[3] 1967년 발표된 최인호 소설 「견습환자」 속 장면이 심상하게 다가온다. 어제까지 함께 생활했던 이의 사망 소식을 접한 환자들의 상실감이 만연하다. 오늘날 한국인들에게 병원은 임종 장소로서 퍽 익숙하지만 작품명이 암시하듯, 1960년대 종합병원 입원환자가 되는 일은 일정한 '숙련'이 필요할 정도로 낯선 것이었다.

의료보험제도(현 국민건강보험) 실시가 절실했다. 병원 이용은 의료보험과 분리할 수 없는 관계에 있었다. 그 후로 60여 년의 시간을 거쳐 의료보험은 국가가 의료수가(환자를 치료하고 받는 진료비)를 통제해 보장성을 높이는 사회보험 형태로 자리잡았고, 그에 따라 사람들의 병원 이용률도 급증했다.[4] 이제 대다수 한국인들은 병원에서 사망한다.[5] 죽음에 대한 담론과 쟁점도 병원(의료)

을 중심으로 펼쳐진다. 의료보험의 시작은 죽음의 현재를 이해하는 데 몇 가지 단서를 제공한다.

'견적' 안 나왔던 의료보험

1963년 12월, 한국 의료보험의 모태인 「의료보험법」이 공포됐다.[6] 우연은 아니었다. 5·16 군사쿠데타 세력은 민정이양(결국 '뻥'이었지만)을 앞두고 사회보장제도의 도입을 적극적으로 검토했다. 1962년 7월, 박정희 국가재건최고회의 의장은 사회보장제도 확립을 지시하는 각서를 내각 수반에게 내려보냈다. 사회보장 계획을 담당해온 사회보장심의위원회 전문가들이 의료보험 법안을 만들기 시작했다. 이윽고 그들은 이 법안을 어떻게 해야 할지 난감한 표정이 됐다. 턱없이 낮은 국가 예산, 국민 소득, 기업 재정, 의사 수, 병상 수 등을 고려했을 때 의료보험은 소위 견적이 안 나오는 일이었다.

전문가들은 의료보험 도입이 현실적으로 어렵다는 의견을 냈지만, 국가재건최고회의 위원들은 받아들이지 않았다. 이 법안은 애초 사회보험답게 강제적용 방식으로 계획됐지만, 최고회의 심의 과정에서 임의적용 방식으로 변경되었다. 의료보험 가입을 개인들이 임의로 하게 되면 보험 재정의 안정성이 확보되기 어렵다. 건강하거나 젊은 사람들은 의료보험에 가입하려는 동기가 크지 않지만, 아프거나 늙은 사람들은 그 보험에 잠깐이라도 가입하려는 역선택 현상이 생기기 때문이다. 더욱이 불평등 문제도 간과할 수 없다. 경제적 여유가 있는 개인들에게 의료보험은 그다지 나쁜 선택이 아니지만, 형편이 어려운 사람들에게 보험 가입은 과히 부담스런 선택이 된다. 즉 의료보험은 면밀하게 수립된 사회보장제도라기보다는 5·16 군사쿠데타 세력이 정치적 정당성을 획득하기 위한 도구에 가까웠다.[7] 군사정권은 사회를 무질서하고 정의롭지 못하다고 여겼고, 의료보험을 사회정의 구현이라는 선언적 수사에 부합하는 수단으로 활용했다.

박정희 정권은 의료보험을 체제 우위를 증명하기 위한 도구로도 이용했다. 국제적 데탕트 흐름 속에서 남한과 북한은 1972년 7월 4일 평화통일 원칙을 정하는 공동성명을 발표했지만, 대화 분위기는 오래가지 못했다. 남한과 북한의 체제 과시용 공중 전단 살포 문제도 여전했다. 당시만 해도 북한의 경제력이 남한을 앞서고 있었기에 이런 '삐라'는 박정희 정권에 위협적이었다. 특히 북한은 전단 살포를 통해 남한의 열악한 의료 환경을 무시로 비난했다. 1973년 세계보건기구(WHO)에 가입한 북한은 국제모임을 통해서도 남한의 약점을 아프게 꼬집었다. 1974년 남북적십자회담에서 북한은 지치지 않고 또 그 상처를 건드렸다. 박정희 정권은 겁에 질렸다. 의료보험은 공산주의라는 유령을 극복하기 위한 '빛의 무기'였다.

1977년 500인 이상 사업장을 대상으로 의료보험이 실시됐다. 1979년부터는 300인 이상의 사업장, 공무원과 사립학교 교직원에까지 의료보험이 적용됐다. 사실 1970년대 중반까지만 해도 의료보험은 남발된 공수표였다. 실체가 없었기 때문이다. 사업장 몇 곳이 의료보험을 시범 운영하는 정도였고, 나름 성과를 보이던 민간 의료보험 운동은 재원 부족으로 확대되지 못했다. 1970년에 개정된 의료보험법은 공무원과 군인의 의료보험 가입을 강제적용 방식으로 한다는 내용을 담았지만 그뿐이었다. 그러다가 1977년 아주 제한적인 형태로나마 의료보험이 시작된 것이었다.

일련의 사태가 보여주듯 의료보험은 체제 우위, 국가안보와 같은 정치적 쟁점과 긴밀하게 연결되어 있었다. 의료보험은 의료, 사회복지적 문제일 뿐만 아니라 정치적 문제이기도 했다.[8]

권위주의 정권은 의료보험을 고도압축적 산업화에도 활용했다. 1970년대 들어 유신 체제를 반대하는 민주화운동 진영의 목소리가 커졌고, 오일쇼크(1973년과 1978년) 여파에 따른 물가 폭등으로 민심도 흉흉했다. 유신 정권은 '위기'를 극복하기 위해서 사회복지와 경제개발 분야에서 성과를 내야 했다. 박정희 정권은 국가 재정에 부담을 주지 않고 복지 문제를 해결하며 심지어 경제 발전에도 도움이 되는 '요술'로 의료보험을 추진했다.[9]

우선 전경련(전국경제인연합)의 영리한 협조가 있었다. 대기업들은 사용자와 피용자가 비용을 부담하는 2자 부담 방식의 의료보험을 수용하기로 했다. 국세 투입이 필요 없는, 조합 방식의 의료보험이었다. 기업 입장에서는 부담스러웠지만 나름의 이유가 있었다. 의료보험은 일종의 기업복지였다. 전태일 열사의 분신 직후 요구된 노동자 권리 향상의 수단으로 대응하기 좋았다. 또한 고도압축적 산업화 속에서 자본 축적에 맛이 들린 대기업들은 노동자들의 몸을 '건강하게' 관리할 필요를 알아챘다. 그들은 의료보험이 노동력의 재생산 비용을 아끼고 생산성 향상에도 도움이 된다고 봤다.[10] 형편상 의료보험조합을 운영하기 힘든 영세 자영업자들과 사업장 노동자들의 건강 문제는 묵과됐다.

다음으로 의료계의 떨떠름한 협조가 있었다. 정권과 의료계 간의 첨예한 쟁점은 지금이나 옛날이나 수가 문제였다. 이 문제에 대해 유신 정권은 의료계와 협력하는 모양새를 갖추는 데 신경 썼다. 의료보험 시행에 있어 의료계의 지지가 필요했기 때문이다. 그러나 어쨌든 수가 책정의 최종 결정권은 유신 정권에 있었다.

1977년 6월, 의료계는 고시된 의료보험용 기준 수가를 보고 기겁했다. 기준 진료비가 기대했던 것보다 절반 가까이 깎여 있었다. 하지만 의료보험을 보이콧할 수는 없었다. 유신 독재가 무서웠다기보다는, 의료보험이 의료 시장 확대에 도움이 된다고 판단했기 때문이다. 1970년대 중반 전국 평균 병상 이용률이 50% 정도였고, 그마저도 병상 대부분은 대도시에 몰려 있었다. 비싼 의료비 때문에 전국적으로 많은 사람들이 의료 수요자가 되지 못하는 현실은 매년 쏟아지는 의대 졸업생, 자영업자로서 개업의, 늘어나는 민간 종합병원들의 밥벌이에 타격을 줄 수 있었다. 결국 의료계는 이익(수가)은 적게 보는 대신 판매량(환자)을 극대화하는 '박리다매'형 전략을 채택하게 됐다. 이런 현실은 무의촌을 비롯한 지역과 대도시 간의 의료 격차, 짧은 진료 시간, 비가시적 돌봄노동과 같은 미래의 문제를 고스란히 품고 있었다.

어쨌든 의료보험 시행 이후, 대도시 병상 가동률과 환자 숫자는 급증했다. 늘어난 환자 수만큼 병상, 병원, 의사, 간호사, 약사, 의대, 간호대 등의 숫자도 늘어날 필요가 생겼다. 그렇게 의료 수요와 공급이 상승했다. 하지만 그 무엇보다 박정희 정권이 의료보험을 통해 이루고 싶었던 일은 따로 있었다. 의료보험을 중화학공업에 이용하는 것이었다. 1970년대 들어 박정희 정권은 사활을 걸고 중화학공업화를 추진했다. 중화학공업화를 통한 근대화와 경제 성장을 유신 정권의 정치적 아킬레스건을 극복하기 위한 막중한 수단으로 여겼다. 1960년대 나름 성과를 냈던 경공업에 비해 중화학공업은 더 많은 자본 투입이 필요한 산업이었다.

정치적 정당성 문제에 시달린 박정희 정권이 조세를 통해 그 일을 한다는 것은 잠꼬대 같은 소리였다. 외자에 의존하는 것도 부담이 컸다. 결국 개인의 재산권을 침해하지 않는 민간 저축을 대대적으로 동원하는 방법이 낙점됐다. 특히 사람들의 의료비 지출을 획기적으로 줄여서 저축률을 증대할 필요가 있었다.[11] 아이러니하게도, 의료보험은 경제력 있는(저축금이 클 수밖에 없는) 사업장 및 계층을 대상으로 우선 실시됐다. 이처럼 의료보험은 굳건한 사회연대가 아닌 위태로운 사회 불평등에 기반을 두고 형성됐다. 대부분의 '서민'들은 가족·친지를 중심으로 상부상조할 수밖에 없었다. 오늘날에도 이어지고 있는 한국의 '가족복지'는 한국의 유교 문화나 끔찍한 가족 사랑 때문이 아니라, 개인이 각자 알아서 복지를 해결해야 했던 역사적 맥락에 기반하고 있다.

돈 없고 아파도 병원에서 죽는 시대

1997년에 이르기까지, 의료보험은 직장의료보험조합(약 140개), 지역의료보험조합(약220개), 공무원·교원 의료보험공단 등 각각의 조합 및 조직으로 운영됐다. 1998년부터 일련의 과정을 거쳐 2003년이 돼서야 의료보험은 그 수많은 조직들과 재정이 완전 통합된 사회보험, 즉 오늘날 국민건강보험으로 거듭났다.[12] 의료보험 보장 확대에 따라 한국인들의 의료시설 이용은 급증했다. 사람들은 급성·전염성 질환보다 노인성·만성 질환을 더 많이 겪게 됐다.[13] 1977년 60세 정도였던 기대 수명은 2017년 80세를 넘어섰다.* 죽음의 풍경도 변했다. 1960년대가 돈 없고 아파서 집에서 죽었던 시대라면, 지금은 돈 없고 아파도 병원에서 죽는다.

이제 건강이 밑천인 시대는 종언을 고했는가. 아닌 것 같다.

요즘은 죽는 데 드는 시간과 돈도 상당하다. 기대 수명과 건강 수명이 정비례하지는 않는다. 오늘날 사람들은 60세 이후에 전 생애의료비의 절반을 지출한다.[14] 임종이 가까워질수록 그 지출은 더 커진다. 약도 더 많이 먹고, 병원도 더 자주 가야 한다. 재원일수는 길어지고 돌봄 기간도 늘어난다. 입원 환자는 하루 약 10만 원씩 간병비를 내고 사람을 '쓰거나' 환자 가족 누군가가 '묻지마' 간병을 해야 한다. 그 역할은 대개 여성이 맡는다. 이전 시대와 비교할 수 없을 정도로 의료 혜택을 받고 있음에도 불구하고, 사람들은 왜 다시 집에서 죽고 싶어 할까.[15]

집에서 죽는 것은 여간 어려운 일이 아니다. 비참한 산업재해 뉴스가 하루건너 전해지듯, 의료가 발달한 것과 별개로 불평등한 삶의 조건은 많은 사람들을 아프게 하고 죽게 한다.[16] 가난하면 더 자주 아프고, 생계를 위해서 더 자주 약을 먹고 병원도 가야 한다. 오늘날 집에서 환자를 보살필 '여유'가 있는 사람은 드물다. 대부분 생계를 위해 집 밖으로 나서야 한다. 사람들은 아프면 별수 없이 병원에 가고 머문다. 엄격한 의료급여 수급 자격을 얻지 못해 건강보험 장기 체납자가 되어가는 '빈곤층'의 삶은 잘 보이지도 않는다.

정부(그리고 국회)는 60% 정도에 불과한 국민건강보험 보장률

* 보건복지부의 'OECD 보건통계'에 따르면 한국인의 기대 수명은 2017년 기준 82.7세다. 현재 83세인 노인이 태어난 시기인 1936년 기대 수명이 42.6세였음을 감안하면 두 배 정도 늘었다. 당시로서는 예상치 못했던 미래다. 기대 수명보다 눈여겨봐야 할 것은 건강 수명이다. 세계보건기구(WHO)는 기대 수명에서 질병이나 장애로 인해 건강을 잃은 기간을 뺀 연령을 건강 수명으로 정의한다. WHO는 한국인의 건강 수명을 2016년 기준 73세로 보고하고 있다. 기대 수명과 건강 수명의 격차가 10년쯤 된다. 생애 마지막 10년을 건강하지 못한 상태로 보낼 가능성이 높은 셈이다.

을 '공정한 조세 정책'을 통해 과감하게 끌어 올려야 한다.[17] 그래야 의료계와 합리적으로 수가 문제도 풀 수 있다. 또 정부 정책에 대한 의료계의 '냉담'과 '발목잡기'에 단호하게 대응할 수 있다. 정부는 헌법이 명시하고 있는 '모든 국민은 건강하고 쾌적한 환경에서 생활할 권리'를 위해 국민건강보험을 기탄없이 활용해야 한다. 건강보험은 몸집이 큰 공공병원 설립뿐만 아니라 왕진, 간병, 호스피스, 소규모 재활원, 보건소와 같은 '생활밀착형' 서비스를 확대하고, 그 역량을 강화하는 데 기여해야 한다.[18] 정부의 '의지'가 그 어느 때보다 중요하다. 하지만 정부는 '커뮤니티'도 희미하고 '케어'도 희미한 커뮤니티케어를, 또 '의료 격차 해소'라 쓰고 '확대'라고 읽는 비대면 의료를, 내친김에 코로나19 위기를 경제 성장의 기회로 삼겠다며 낡은 뉴딜을 노래하고 있다.[19] 그 리듬에 맞춰 재계는 '의료 산업화' 춤을 추고 있다.[20]

참고문헌

1 「餘滴(여적)」, 『경향신문』, 1969. 2. 13.
2 「1950~1960년대 산부인과 모습은 어땠을까」, 『연합뉴스』, 2016. 6. 13.
3 최인호, 『견습환자』, 문학동네, 2014, 12~13쪽.
4 김진수 외, 『2011 경제발전경험모듈화사업: 全 국민 건강보험제도 운영과 시사점』, 보건복지부, 2012.
5 「2019년 인구동향조사 출생·사망통계 잠정 결과」, 통계청 2020년 2월 25일 보도자료.
6 보건복지70년사편찬위원회, 『보건복지 70년사』, 보건복지부, 2015.
7 문옥륜, 「한국의료보험의 발전과 역사적 함의」, 『보건학논집』34(1), 1997, 9~34쪽.
8 우석균, 「박정희가 '건강보험의 아버지'인가?」, 『르몽드 디플로마티크』, 22호, 2010.
9 황병주, 「1970년대 의료보험 정책의 변화와 복지담론」, 『의사학』20(2), 2011, 425~462쪽.
10 Ian Holliday, "Productivist Welfare Capitalism: Social Policy in East Asia," *Political Studies* 48(3), 2000, pp. 706~723.
11 김도균, 『한국 복지자본주의의 역사』, 서울대학교출판문화원, 2018.
12 신영전, 「건강보험 통합 쟁취사」, 『월간 복지동향』, 141호, 2010, 4~8쪽.
13 도세록, 「한국의 의료이용 변화추이」, 『보건·복지 Issue&Focus』, 8호, 2009, 1~8쪽.
14 임달오, 「생애의료비 추정 및 특성 분석」, 『보건산업브리프』, 100호, 2013, 1~8쪽.
15 정경희 외, 『웰다잉을 위한 제도적 기반 마련 방안』, 한국보건사회연구원, 2018.
16 김명희, 「포용복지와 건강정책의 방향」, 『보건복지포럼』, 278호, 2019, 30~43쪽.
17 「'모두'를 위한 공공병원 '국가'가 나서면 된다」, 『시사인』, 691호, 2020.
18 권순만 외, 「건강보장 분야의 정책 과제와 추진 전략」, 『보건복지포럼』, 271호, 2019, 34~45쪽.
19 「"커뮤니티케어 고전하고 있지만" 복지와 보건의료 통합에 중점, 요양병원 퇴원환자 왕진 건보 적용 추진」, 『메디게이트뉴스』, 2019.10.18; 「한국판 뉴딜 100조 투입… 비대면 의료 확대」, 『데일리메디』, 2020. 7. 6.
20 「[코로나 뉴딜 시동] 판 커지는 바이오·의료기기 산업… 新시장 열린다」, 『브릿지경제』, 2020. 5. 23.

사람은 생의 끝자락에서도 '일상'을 사는 존재입니다. 생의 초기를 타인의 돌봄에 의존해서 보냈듯이, 생의 말기에도 돌봄이 필요합니다. 한 사람이 존엄하게 생의 끝자락을 보내고 싶어도, 그를 돌봐줄 이들의 형편이 녹록지 않음을 피부로 느낍니다. 내 어머니, 아버지, 자녀들이 가장 외롭고 힘든 길을 갈 때, 그 곁을 지키며 돌봐줄 가족은 생업 때문에 바빴고, 간병인을 비롯한 돌봄 노동자들은 열악한 노동조건에서 버텼습니다. 환자는 갑갑한 시설보다는 편안한 집에서 머물기를 원했지만 현실적으로 쉽지 않았습니다. 시설에 머물기를 희망하는 환자를 위한 임종실이 설치되어 있는 병원도 드물었습니다. 더군다나 병원 밖 죽음에 대한 이야기는 잘 보이지도, 들리지도 않았습니다. 많은 분들이 '존엄한 죽음'을 이야기했지만, 죽음 앞의 삶은 존엄한지 의문스러웠습니다. 다양한 사회 구성원들과 함께, 죽음을 둘러싼 '삶의 고통'을 완화시킬 수 있으면 좋겠다고 생각했습니다.

이 책에서 우리는 '죽음을 참 어려운 일'로 만드는 삶의 조건들을 살펴봤습니다. 그 여정에 많은 분들이 도움을 주셨습니다. 가장 먼저 김창오, 홍종원 선생님과 조기현 작가님께 감사를 표하고 싶습니다. 재택의료의 필요성을 깨닫고 지역 주민들을 찾아가는 '건강의집 의원' 김창오, 홍종원 선생님과 아버지 간병 경험을 계기로 '돌봄과 사회적 역할'에 대한 글을 쓰는 조기현 작가님과의 만남을 통해 돌봄 현장의 이야기 그리고 그 밑바탕에 자리한 의료, 경제, 정치적인 쟁점과 마주하게 됐습니다. 그들과의 대화에서 오늘날 죽음에 관한 복수(複數)의 단위가 있다는 사실, 어떻게 불과 30년 만에 사망 장소가 집에서 병원으로 변했는지, 의료와 돌봄이 분리되고 있는지 깊게 생각할 수 있었습니다. 권혁란, 조한진희 작가님께도 고마움을 전합니다. 작가님들 덕분에 의학적이고 산업적인 담론과는 다른 환자와 보호자의 질병, 간병 서사에 더 주목할 수 있었고, 죽음 앞에 놓인 삶의 다양한 결을 알게 됐습니다. 또한 박중철, 정선형, 지승규 선생님으로부터 많은 도움을 받았습니다. 선생님들의 경험과 통찰을 통해 죽음과 의료와의 관계를 재조명할 수 있었습니다. 특히 연명의료결정법을 둘러싼 의료진들의 고민과 의료 현장에서의 쟁점을 다각도로 확인할 수 있었습니다. 김인경, 문명순 선생님은 '존엄한 죽음' 이전에 '존엄한 돌봄'이 왜 중요한지, 돌봄노동조건의 중요성을 알려줬습니다. 마지막으로 김희강 선생님에게서는 오늘날 돌봄이라는 말이 어떻게 통용되고 있는지, 그 기저에 자리하고 있는 '사회적 상상'에 대해서 배웠습니다. 돌봄에 대한 그 비판적 관점으로부터 다시 삶과 죽음을 껴안을 수 있는 힘을 얻었습니다. 바쁜 일상에도 불구하고 좌담에 참여해준 모든 분들께 진심으로 감사드립니다.

〈시사IN〉이 기획에 공감하고 지면을 내주어 다양한 이들이 모여 꾸준히 대화할 수 있었습니다. 특히 이 기획과 책은 〈시사IN〉의 장일호, 김영화, 나경희 기자님의 든든한 지원과 꼼꼼한 취재, 편집이 없었다면 세상 밖으로 나오지 못했을 것입니다. 세 분 기자님들과 함께 이 여정을 할 수 있었던 것은 특별한 행운이었습니다. 그리고 김은남, 윤무영, 조남진, 신선영 기자님, 김진주,

최한솔 피디님께도 고마움을 전합니다. 이 기획과 책의 출간에 물심양면으로 지원해준 사단법인 호스피스코리아 박진노 선생님과 구성원들께도 깊이 감사드립니다. 한 사람의 죽음은 당대 삶의 조건들을 비춥니다. 이 책이 우리의 삶과 죽음을 되짚어보는 데 작게라도 기여를 할 수 있으면 좋겠습니다. 독자들에게 고마움을 전합니다.

시사IN 저널북
죽는 게 참 어렵습니다

지은이
김영화, 김호성, 나경희, 송병기

초판 1쇄 펴낸날
2021년 10월 9일

초판 2쇄 펴낸 날
2022년 4월27일

발행인
이숙이

편집인
김은남

편집
장일호

교정교열
김경림

디자인
신용진

제작
M-Print

펴낸곳
(주)참언론 시사IN북

출판등록
2009년 4월 15일 제300-2009-40호

주소
(04506) 서울시 중구 중림로 27 가톨릭출판사빌딩 신관 3층

전화
02-3700-3250(마케팅) / 02-3700-3270(편집)

주문팩스
02-3700-3299

전자우편
book@sisain.kr

홈페이지
book.sisain.co.kr

값
13,000원

ISBN
978-89-94973-65-4 (02300)

시사IN 저널북(SJB)은 시사주간지 〈시사IN〉이
만든 출판 시리즈입니다. 우리가 꼭 알아야 할
이슈를 큐레이팅하여 가볍되 깊이 있게 담아냅니다.